プリント形式のリアル過去問で本番の臨場感！

兵庫県

須磨学園中学校

第3回入試

2025年春受験用

解答集

本書は，実物をなるべくそのままに，プリント形式で年度ごとに収録しています。
問題用紙を教科別に分けて使うことができるので，本番さながらの演習ができます。

■ 収録内容

・解答集（この冊子です）

書籍ＩＤ番号，この問題集の使い方，最新年度実物データ，リアル過去問の活用，
解答例と解説，ご使用にあたってのお願い・ご注意，お問い合わせ

・2024（令和６）年度 ～ 2022（令和４）年度　学力検査問題

JN131738

○は収録あり

	年度	'24	'23	'22			
■ 問題(第3回)		○	○	○			
■ 解答用紙		○	○	○			
■ 配点							

全教科に解説
があります

◎第1回，第2回は別冊で販売中
注）国語問題文非掲載：2024年度の二，2023年度の二

問題文の非掲載につきまして

著作権上の都合により，本書に収録している過去入試問題の本文の一部を掲載しておりません。ご不便をおかけし，誠に申し訳ございません。

本文の一部を掲載できなかったことによる国語の演習不足を補うため，論説文および小説文の演習問題のダウンロード付録があります。弊社ウェブサイトから書籍ＩＤ番号を入力してご利用ください。

なお，問題の量，形式，難易度などの傾向が，実際の入試問題と一致しない場合があります。

教英出版

■　書籍ＩＤ番号

入試に役立つダウンロード付録や学校情報などを随時更新して掲載しています。
教英出版ウェブサイトの「ご購入者様のページ」画面で，書籍ＩＤ番号を入力してご利用ください。

書籍ＩＤ番号　**I20430**

（有効期限：2025年9月30日まで）

【入試に役立つダウンロード付録】
「要点のまとめ(国語／算数)」
「課題作文演習」ほか

■　この問題集の使い方

年度ごとにプリント形式で収録しています。針を外して教科ごとに分けて使用します。①片側，②中央のどちらかでとじてありますので，下図を参考に，問題用紙と解答用紙に分けて準備をしましょう（解答用紙がない場合もあります)。

針を外すときは，けがをしないように十分注意してください。また，針を外すと紛失しやすくなりますので気をつけましょう。

① 片側でとじてあるもの

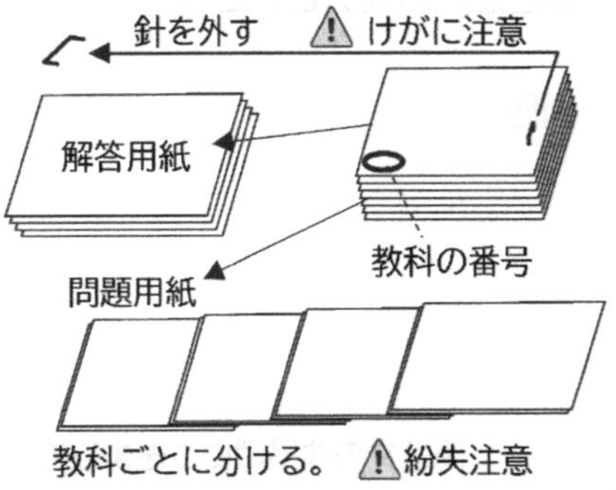

② 中央でとじてあるもの

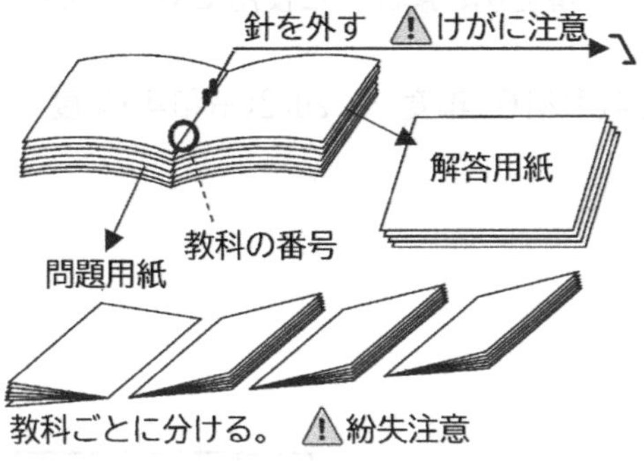

※教科数が上図と異なる場合があります。
解答用紙がない場合や，問題と一体になっている場合があります。
教科の番号は，教科ごとに分けるときの参考にしてください。

■　最新年度 実物データ

実物をなるべくそのままに編集していますが，収録の都合上，実際の試験問題とは異なる場合があります。実物のサイズ，様式は右表で確認してください。

問題用紙	Ｂ５冊子(二つ折り) 国：Ｂ４プリント
解答用紙	Ｂ４片面プリント

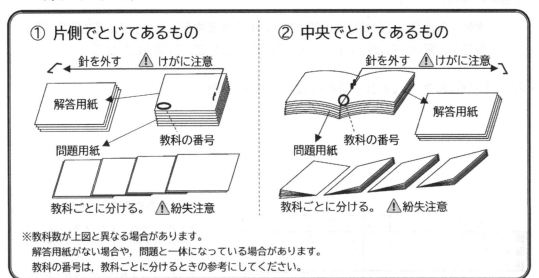

リアル過去問の活用

～リアル過去問なら入試本番で力を発揮することができる～

本番を体験しよう！

問題用紙の形式（縦向き／横向き），問題の配置や余白など，実物に近い紙面構成なので本番の臨場感が味わえます。まずはパラパラとめくって眺めてみてください。「これが志望校の入試問題なんだ！」と思えば入試に向けて気持ちが高まることでしょう。

入試を知ろう！

同じ教科の過去数年分の問題紙面を並べて，見比べてみましょう。

① 問題の量

毎年同じ大問数か，年によって違うのか，また全体の問題量はどのくらいか知っておきましょう。どのくらいのスピードで解けば時間内に終わるのか，大問ひとつにかけられる時間を計算してみましょう。

② 出題分野

よく出題されている分野とそうでない分野を見つけましょう。同じような問題が過去にも出題されていることに気がつくはずです。

③ 出題順序

得意な分野が毎年同じ大問番号で出題されていると分かれば，本番で取りこぼさないように先回りして解答することができるでしょう。

④ 解答方法

記述式か選択式か（マークシートか），見ておきましょう。記述式なら，単位まで書く必要があるかどうか，文字数はどのくらいかなど，細かいところまでチェックしておきましょう。計算過程を書く必要があるかどうかも重要です。

⑤ 問題の難易度

必ず正解したい基本問題，条件や指示の読み間違いといったケアレスミスに気をつけたい問題，後回しにしたほうがいい問題などをチェックしておきましょう。

問題を解こう！

志望校の入試傾向をつかんだら，問題を何度も解いていきましょう。ほかにも問題文の独特な言いまわしや，その学校独自の答え方を発見できることもあるでしょう。オリンピックや環境問題など，話題になった出来事を毎年出題する学校だと分かれば，日頃のニュースの見かたも変わってきます。

こうして志望校の入試傾向を知り対策を立てることこそが，過去問を解く最大の理由なのです。

実力を知ろう！

過去問を解くにあたって，得点はそれほど重要ではありません。大切なのは，志望校の過去問演習を通して，苦手な教科，苦手な分野を知ることです。苦手な教科，分野が分かったら，教科書や参考書に戻って重点的に学習する時間をつくりましょう。今の自分の実力を知れば，入試本番までの勉強の道すじが見えてきます。

試験に慣れよう！

入試では時間配分も重要です。本番で時間が足りなくなってあわてないように，リアル過去問で実戦演習をして，時間配分や出題パターンに慣れておきましょう。教科ごとに気持ちを切り替える練習もしておきましょう。

心を整えよう！

入試は誰でも緊張するものです。入試前日になったら，演習をやり尽くしたリアル過去問の表紙を眺めてみましょう。問題の内容を見る必要はもうありません。どんな形式だったかな？受験番号や氏名はどこに書くのかな？…ほんの少し見ておくだけでも，志望校の入試に向けて心の準備が整うことでしょう。

そして入試本番では，見慣れた問題紙面が緊張した心を落ち着かせてくれるはずです。

※まれに入試形式を変更する学校もありますが，条件はほかの受験生も同じです。心を整えてあせらずに問題に取りかかりましょう。

須磨学園中学校【第3回】

《国　語》

一　問一．a．1　b．4　c．2　d．1　問二．個性や才能　問三．3　問四．1　問五．4
問六．2　問七．4　問八．1　問九．2　問十．4

二　問一．1，2　問二．3　問三．1　問四．3　問五．1　問六．1　問七．3　問八．射手は常に戦場を選べるわけではなく、予想外の状況でも魂の平安を保って弓を射なければならない。男の訪問は哲也にとって予想外のことであり、哲也はその状況で最後まで落ち着いて男に応対することで、結果的に弓道の修行を行うことになったということ。　問九．a．面持　b．胸　c．垂直　d．姿勢　e．危険　f．最上
g．試練

《算　数》

1　(1)24　(2)6　(3)1000　(4)123　(5)7

2　(1)$\frac{5}{14}$　(2)42　(3)1.5　(4)$3\frac{1}{3}$　(5)719　(6)180　(7)37.5　(8)104.26

3　(1)(ア)24　(イ)18　(ウ)UMAS　(2)265　(3)25

4　(1)2　(2)1428　(3)486　(4)906　(5)1075.5

5　(1)6　(2)90　(3)16　※(4)48

※の考え方は解説を参照してください。

《理　科》

1　問1．ア．体じゅんかん　イ．肺じゅんかん
問2．［選択肢1／選択肢2］　(A)［②／②］　(B)［③／②］　(C)［④／①］　(D)［①／①］
問3．①　問4．③，④　問5．④　問6．(a)電子てんびんに水を入れた容器をのせ，にぎりこぶしをしずめたときに増える重さを体積にかん算する。　(b)378000
問7．右図　問8．流れこんできた血液によって押し広げられて元の大きさにもどる。

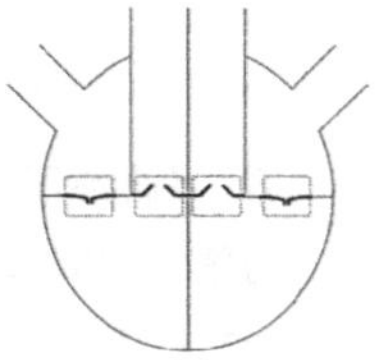

1問7の図

2　問1．①　問2．22.5　問3．B．3　C．1　問4．40　問5．11.2
問6．(a)ろ過　(b)79.5　問7．①

3　問1．右図　問2．16　問3．3600　問4．6　問5．熱エネルギー　問6．④

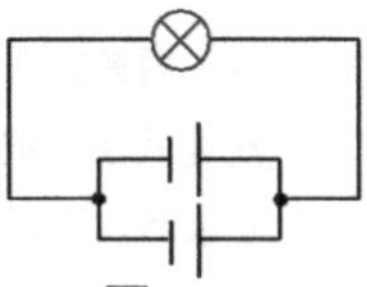

3問1の図

4　問1．ア．地しん　イ．活断層　ウ．しん食　問2．(1)①　(2)②
問3．(a)②，④　(b)①，③　問4．地層がやわらかかったから。　問5．③→①→②
問6．①，④　問7．②

須磨学園中学校【第3回】

《2024　第3回　国語　解説》

一　**問二**　大事業とは、大きな仕事のこと。この文章の中では比ゆ的に使われていて、大変なこと、難しいことといった意味で用いられている。よって、文章の中で、大変なことや難しいことが書かれている場所を探す。――線部Eをふくむ一文の直後に挿入《そうにゅう》すると、「それすら」の「それ」が指すのは「生き抜《ぬ》くこと」となる。つまり、挿入する一文は、“生き抜くことすら大変なことです”という意味になる。

問三　――線部Cの8～11行後に、「もしあなたの子どもが～個性や才能の芽生えをみつけたら、それはそれをより文化的に優《すぐ》れた形にするための教育環境《かんきょう》を、できる限り、できる範囲《はんい》で作ってあげることが大切でしょう」とある。よって、3が適する。

問四　3～6行前に、「また、好きなものはあるけれど～主張できるほどの確信がもてないような『好き』もあるでしょう」とある。このように、自分の「好き」について確信がもてない人にとって、「『好き』を大切に」という「育児書の常套句《じょうとうく》」は、安心感を与《あた》える可能性がある。そうした意味で、この言葉には「それなりに意味がある」のである。よって、1が適する。

問五　［X］の1～2行前の「いつかやれそうだ、それを自分でもできたらきっと楽しいだろうな」というのは、積極性や自主性、強い意志があまり感じられず、「受動的」だと言える。よって、4が適する。

問六　「『予測』の内的感覚」とは、前の段落にある「能動的な当事者の立場がおぼろげにでも感じられるような『好き』」という感覚であり、「ただ一時の感覚的なものだけでなく」、「好き」の中に「何か『先』の見える気がする」という感覚である。近年の研究は、こうした、「先」のことも予測しようとする働きが、「知覚や動機づけ、そして学習行動を導いている」ということを明らかにしつつあります」とあるので、2が適する。

問七　諸刃《もろは》の剣《つるぎ》とは、利益もあるが害を与える可能性もあるということ。――線部Dの直前の「これ」が指す内容は、「学校でも、一人ひとりの子どもに『何ものかになること』を求めるようになってき」たこと、つまり、子どもが個性や才能を発揮することを学校が求めるようになってきたことである。「諸刃の剣」の“利益”の面については、学校で子どもたちの個性や才能が育つことである。一方、“害”の面については、――線部Dの直後の「まず学校のような～かえってその純粋《じゅんすい》な遺伝的才能を見えなくさせ、結果的につぶしてしまう可能性もある」ということである。よって、4が適する。

問八　――線部Eの前後の、「そもそも個性的であること～をよかれと考えること自体が、一時の流行にすぎません」や「個性や才能や志は～見つからない人もいる」より、個性や才能の発揮よりも、「生き抜くこと」の方が重要であるということがわかる。ボトムラインには、結論、最終的な結果、最終的な損益などの意味があるが、ここでは最低ライン、大もとといった意味で使われていると考えられる。よって、1が適する。

問九　直前に、「個性や才能や志は、その人の時代と環境で見つかる人もいれば見つからない人もいる」とある。つまり、遺伝を活かせる環境のもとで人生を送れるかどうかは、個人の努力で決まるようなものではなく、偶然《ぐうぜん》に左右されるのである。その上で、――線部Fでは、誰《だれ》もがこの偶然に左右されて人生を送るということについては「必然」であると言っているのである。よって、2が適する。

問十　直後に「止めても何かをしでかすでしょう」とあるので、何か「好き」なものを止めても別のことを始めるという場面を選べばよい。4は、瓢箪《ひょうたん》という「好き」なものを取り上げられた清兵衛《せいべえ》が、今度は「絵を描《か》くことに熱中している」ので、これが適する。

二　著作権上の都合により文章を掲載《けいさい》しておりませんので、解説も掲載しておりません。ご不便をおかけし、誠に申し訳ございません。

《2024　第３回　算数　解説》

1　(1)　与式＝(53－51＋２)×(３－２)×６×９×$\frac{1}{9}$＝４×６＝**24**

(2)　与式＝$\frac{7}{11}\div\frac{13}{5}\times\frac{13}{5}\times\frac{44}{7}+\frac{3}{8}\div2\frac{1}{8}\times\frac{64}{9}\times\frac{51}{32}=\frac{7}{11}\times\frac{5}{13}\times\frac{13}{5}\times\frac{44}{7}+\frac{3}{8}\times\frac{8}{17}\times\frac{64}{9}\times\frac{51}{32}$＝４＋２＝**6**

(3)　与式＝13×(12＋13)＋14×25＋16×25－(15×３＋30)＝13×25＋14×25＋16×25－{15×(３＋２)}＝(13＋14＋16)×25－15×５＝43×25－３×５×５＝(43－３)×25＝40×25＝**1000**

(4)　与式＝２週間５日８時間30分21秒＋50時間８分38秒－(２週間２日22時間22分22秒＋４日12時間14分34秒)＝
２週間５日58時間38分59秒－２週間６日34時間36分56秒＝
２週間７日10時間38分59秒－２週間７日10時間36分56秒＝２分３秒＝**123秒**

(5)　「＝」の左側を整理すると，$\frac{3\times\square-5}{24}\times\frac{9}{2}+6=\frac{3\times\square-5}{8}\times\frac{3}{2}+6=\frac{9\times\square-15}{16}+6$

よって，$\frac{9\times\square-15}{16}+6=9$　　$\frac{9\times\square-15}{16}=9-6$　　９×□－15＝３×16　　９×□＝48＋15　　□＝63÷９＝**7**

2　(1)　**【解き方】同じ分母ごとにグループに分けると，$\frac{1}{2}$｜$\frac{1}{4}$，$\frac{3}{4}$｜$\frac{1}{6}$，$\frac{3}{6}$，$\frac{5}{6}$｜$\frac{1}{8}$，$\frac{3}{8}$，$\frac{5}{8}$，$\frac{7}{8}$｜$\frac{1}{10}$，…となる。左からｎ番目のグループは，分母が小さい方からｎ番目の偶数で，ｎ個の分数がふくまれる。各グループの分子は１からはじまる連続する奇数になっている。**

左から６番目のグループまでの数の個数は，１＋２＋３＋４＋５＋６＝21(個)である。したがって，先頭から24番目の数は，７番目のグループの中の24－21＝３(番目)の数だから，$\frac{5}{14}$である。

(2)　右図のように記号をおく。角ＡＢＣ＝90°

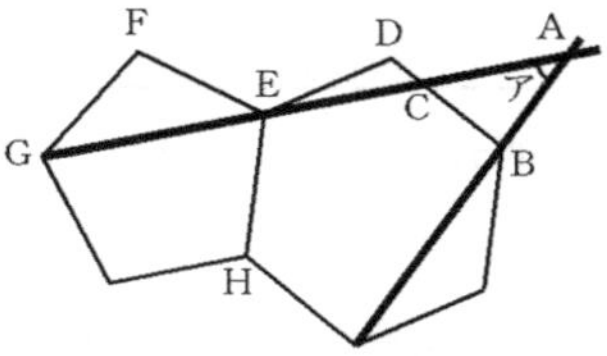

正五角形の１つの内角は，$\frac{180°\times(5-2)}{5}$＝108°，

正六角形の１つの内角は，$\frac{180°\times(6-2)}{5}$＝120°である。

三角形ＦＥＧは二等辺三角形だから，角ＦＥＧ＝(180°－108°)÷２＝36°

角ＤＥＣ＝角ＨＥＦ＋角ＨＥＤ－180°－角ＦＥＧ＝108°＋120°－180°－36°＝12°

角ＤＣＥ＝180°－120°－12°＝48°だから，角ＡＣＢ＝48°　　角ア＝180°－90°－48°＝**42°**

(3)　**【解き方】全部の仕事量を６と４の最小公倍数の12とする。**

１時間あたりに行う仕事量は，Ａさんが12÷６＝２，Ｂさんが12÷４＝３である。Ｂさんが4.5時間仕事を行うと，実際にある仕事量より３×4.5－12＝1.5多くなってしまう。１時間をＢさんからＡさんにかわると，終える仕事量は３－２＝１減るから，Ａさんが仕事をした時間は，1.5÷１＝**1.5(時間)**

(4)　**【解き方】右のように作図する。円外の１点からその円に引いた２本の接線の長さは等しいから，ＢＥ＝ＢＤ＝５cmとなる。**

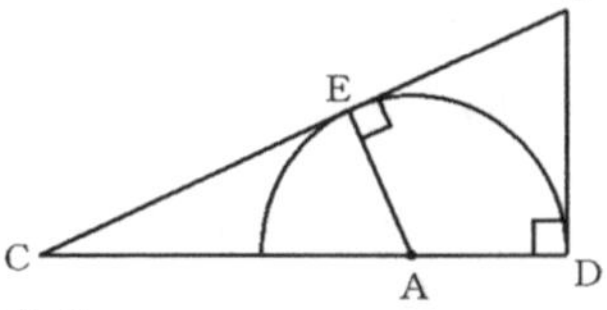

ＣＥ＝13－５＝８(cm)である。三角形ＢＣＤと三角形ＡＣＥは同じ形だから，ＢＤ：ＡＥ＝ＣＤ：ＣＥ＝12：８＝３：２

よって，ＡＥ＝ＢＤ×$\frac{2}{3}$＝５×$\frac{2}{3}$＝$\frac{10}{3}$＝$3\frac{1}{3}$(cm)だから，半円Ａの半径は$\mathbf{3\frac{1}{3}}$cmである。

(5)　１！＝１，２！＝２×１＝２，３！＝３×２×１＝６，４！＝４×３×２×１＝24，５！＝120だから，
与式＝１×１＋２×２＋３×６＋４×24＋５×120＝１＋４＋18＋96＋600＝**719**

(6)　各面の辺の数の合計は，４×30＋６×20＋10×12＝360(本)

立体では２本の辺が重なって１本の辺になっているので，求める辺の数は，360÷２＝**180(本)**

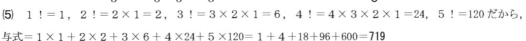

(7)　ビーカーAの中の操作《そうさ》について，右のようなてんびん図がかける。

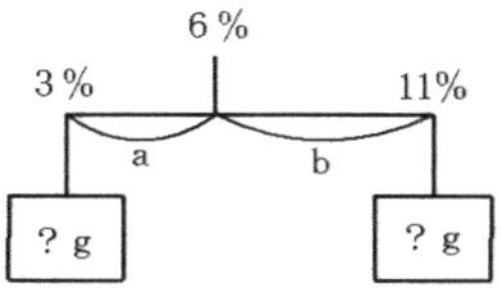

混ぜ合わせた２つの食塩水の重さの比は，　a ： b ＝（６－３）：（11－６）＝３：５の逆比の５：３である。したがって，ビーカーAから取り出さなかった食塩水とビーカーAから取り出した食塩水の重さの比も５：３だから，取り出した食塩水の重さは，$100\times\frac{3}{5+3}=$**37.5**（g）

(8)　**【解き方】円が通過する部分の面積は，右の図Ⅰの色をつけた部分と斜線《しゃせん》部分を合わせた面積から，黒い部分の面積を引いた値《あたい》に等しい。**

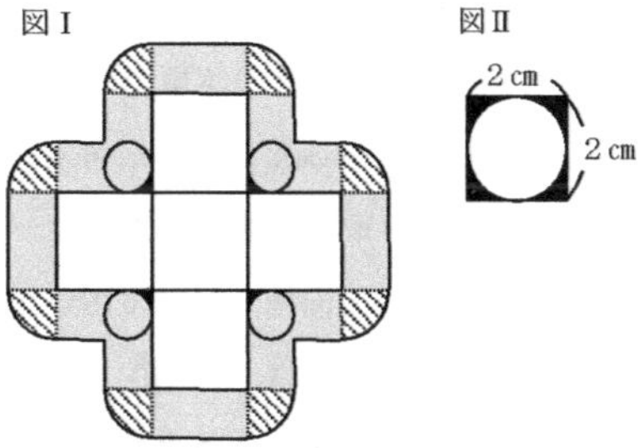

うすい色の部分と黒い部分の面積の合計は，

（２×４）×４＋（４×４－２×２）×４＝80（㎠）

斜線部分を合わせると半径が２㎝の円が２個できるから，

斜線部分の面積の合計は，（２×２×3.14）×２＝25.12（㎠）

黒い部分の面積の合計は，図Ⅱの黒い部分の面積の合計と等しいから，２×２－１×１×3.14＝0.86（㎠）

よって，求める面積は，80＋25.12－0.86＝**104.26**（㎠）

3　以下の解説では，文字を入れるがまだどの文字か未定のかしょを，□で表す。例えば，S□□□はSで始まる４文字の単語を表す。

(1)(ア)　１文字目の選び方が４通り，２文字目が３通り，３文字目が２通り，４文字目が１通りだから，全部で，４×３×２×１＝**24**（通り）

(イ)　A□□□は３×２×１＝６（単語）ある。同様に，M□□□もS□□□も６単語ずつある。

したがって，S□□□のうち最も後ろにくる単語は６×３＝18（番目）の単語である。

S□□□のうち最も後ろにくる単語はSUMAだから，SUMAは**18**番目である。

(ウ)　(イ)より，U□□□のうち21－18＝３（番目）の単語を求めればよい。

U□□□は１番目から順に，UAMS，UASM，UMAS，…となるから，21番目は**UMAS**である。

(2)　□（１文字の単語）は４単語ある。□□（２文字の単語）は４×４＝16（単語）ある。□□□（３文字の単語）は４×４×４＝64（単語）ある。A□□□は４×４×４＝64（単語）ある。同様に，M□□□もS□□□も64単語ずつある。したがって，S□□□のうち最も後ろにくる単語は４＋16＋64×４＝276（番目）の単語である。

S□□□の単語を後ろから数えると，SUU□が４単語，SUS□が４単語あり，次にSUMU，SUMS，SUMM，SUMA，…と続く。よって，S□□□の後ろから４＋４＋３＝11（単語）を除くと最後がSUMAになるから，SUMAは，276－11＝**265**（番目）である。

(3)　**【解き方】Sだけが２つあり，他の文字は１つずつであることに注意する。**

A□□□□は２つのSを区別する場合，４×３×２×１＝24（単語）ある。２つのSは区別しないので，実際は，A□□□□は24÷２＝12（単語）ある。同様に，N□□□□も12単語ある。

S□□□□の最初の単語はSANSUだから，SANSUは，12×２＋１＝**25**（番目）である。

4　(1)　**【解き方】BC，CD，PQを延長することで，P，Q，Rを通る平面は右図のI，Jを通るとわかる。**

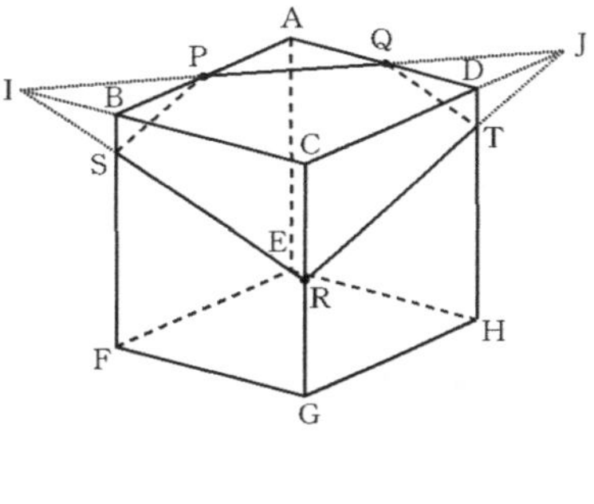

三角形APQと三角形DJQは同じ形でAQ＝DQだから，合同である。したがって，$DJ=AP=\frac{12}{2}=6$（㎝）

三角形ＪＤＴと三角形ＪＣＲは同じ形だから，

ＤＴ：ＣＲ＝ＪＤ：ＪＣ＝６：(６＋12)＝１：３なので，

ＤＴ＝ＣＲ×$\frac{1}{3}$＝６×$\frac{1}{3}$＝**２**(cm)

(2)　【解き方】(1)の図から，切り取った部分の体積を求める。

三角すいＪ－ＱＤＴは三角すいＪ－ＩＣＲを$\frac{ＤＴ}{ＣＲ}$＝$\frac{1}{3}$(倍)に縮小した立体だから，体積は$\frac{1}{3}\times\frac{1}{3}\times\frac{1}{3}$＝$\frac{1}{27}$(倍)である。三角すいＪ－ＱＤＴと三角すいＰ－ＩＢＳは合同だから，立方体から切り取った部分の体積は，三角すいＪ－ＩＣＲの体積の，１－$\frac{1}{27}$×２＝$\frac{25}{27}$(倍)である。

ＣＩ＝ＣＪ＝18 cmだから，三角すいＪ－ＩＣＲの体積は，(18×18÷２)×６×$\frac{1}{3}$＝324(cm³)

よって，切り取った部分の体積は，324×$\frac{25}{27}$＝300(cm³)だから，立体Ｌの体積は，12×12×12－300＝**1428**(cm³)

(3)　水そうの底面積は，15×15＝225(cm²)，正方形ＥＦＧＨの面積は，12×12＝144(cm²)だから，水が入る部分の底面積は，225－144＝81(cm²)　　よって，水の体積は，81×６＝**486**(cm³)

(4)　【解き方】水そうの底面積と１辺が12 cmの立方体の底面積の差にあたる部分(右図の斜線部分)の上に入る水の体積と，右図の色つき部分に入る水の体積の和を求める。

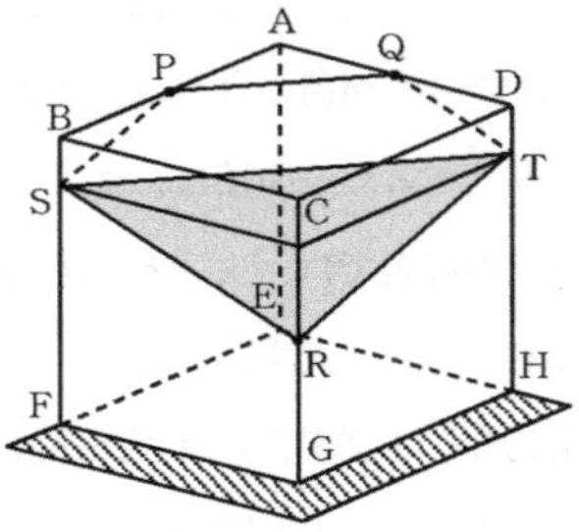

ＦＳ＝12－２＝10(cm)だから，斜線部分の上に入る水は，81×10＝810(cm³)

色つきの三角すいの体積は，(12×12÷２)×(６－２)×$\frac{1}{3}$＝96(cm³)

よって，水の体積は，810＋96＝**906**(cm³)

(5)　【解き方】水そうの底面積と１辺が12 cmの立方体の底面積の差にあたる部分(右図の斜線部分)の上に入る水の体積と，右図の色つき部分に入る水の体積の和を求める。

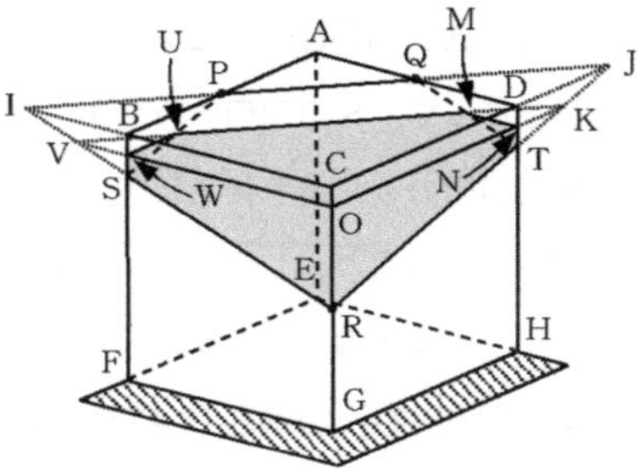

斜線部分の上に入る水は，81×11＝891(cm³)

右図の点Ｋ，Ｍ，Ｎ，Ｏ，Ｕ，Ｖ，Ｗは，水面と各直線とが交わる点である。三角すいＫ－ＭＮＴは三角すいＫ－ＶＯＲを$\frac{ＮＴ}{ＯＲ}$＝$\frac{1}{5}$(倍)に縮小した立体だから，体積は$\frac{1}{5}\times\frac{1}{5}\times\frac{1}{5}$＝$\frac{1}{125}$(倍)である。

三角すいＫ－ＭＮＴと三角すいＵ－ＶＷＳは合同だから，色をつけた部分の体積は，三角すいＫ－ＶＯＲの体積の，１－$\frac{1}{125}$×２＝$\frac{123}{125}$(倍)である。

ＯＮ：ＯＫ＝(５－１)：５＝４：５だから，ＯＫ＝ＯＮ×$\frac{5}{4}$＝12×$\frac{5}{4}$＝15(cm)，ＯＶ＝ＯＫ＝15 cmなので，

三角すいＫ－ＶＯＲの体積は，(15×15÷２)×５×$\frac{1}{3}$＝$\frac{375}{2}$(cm³)

よって，色をつけた部分の体積は，$\frac{375}{2}\times\frac{123}{125}$＝184.5(cm³)だから，水の体積は，891＋184.5＝**1075.5**(cm³)

5　(1)　１周の長さは，16×６＋８×３＝120(cm)で，Ｑは１周するのに12時間＝720分かかる。

よって，Ｑが１cm移動するのにかかる時間は，720÷120＝**６**(分)

(2)　【解き方】Ｐの速さは，120÷60＝２より分速２cm，Ｑの速さは120÷720＝$\frac{1}{6}$より分速$\frac{1}{6}$cmである。

Ｐは４時間で４周して45分で２×45＝90(cm)進むから，４時間45分後はＡまで120－90＝30(cm)のところにいる。Ｑは４時間45分＝285分で，$\frac{1}{6}$×285＝47.5(cm)進む。したがって，４時間45分後のＰ，Ｑの位置は右図のようになるから，求める角度は**90°**である。

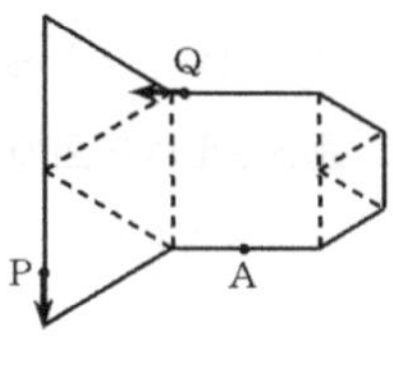

⑶　**【解き方】右図のように記号をおく。QがＡＢ上またはＪＡ上にあって，さらにPがＥＦ上にある時間を求める。**

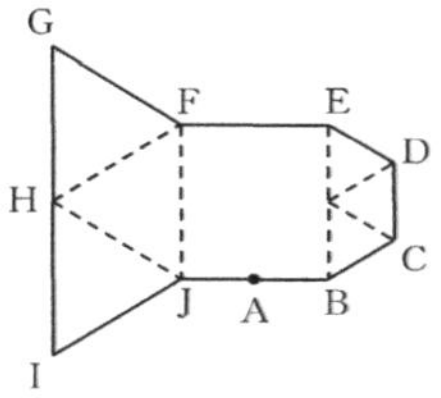

QがＡＢ上にあるのは，出発してから０分後から８÷$\frac{1}{6}$＝48(分後)である。
QがＪＡ上にあるのは，出発してから720－48＝672(分後)→11時間12分後から12時間後である。
PがＥＦ上にあるのは，Ａを通ってから，(８×４)÷２＝16(分後)から，16＋16÷２＝24(分後)である。したがって，PとQの進行方向のなす角が180°となっているのは，出発してから16分後から24分後までの８分間と，11時間16分後から11時間24分後までの８分間の，合わせて８＋８＝**16**(分間)である。

⑷　**【解き方】⑶の図をふまえる。Qがななめの辺(ＢＣ，ＤＥ，ＦＧ，ＩＪ)上にあるときは，PとQの進行方向のなす角が180°となることはない。P，Qそれぞれについて，各頂点を通る時間をまとめる。**

Qが各頂点を通る時間は右の図Ⅰのようになる。
PがＡを通ってから各頂点を通る時間は，図Ⅱのようになる。
QがＣＤ上にあるとき，つまり出発してから１時間36分後から２時間24分後までの間は，PがＧＩ上にあればよいから，

図Ⅰ

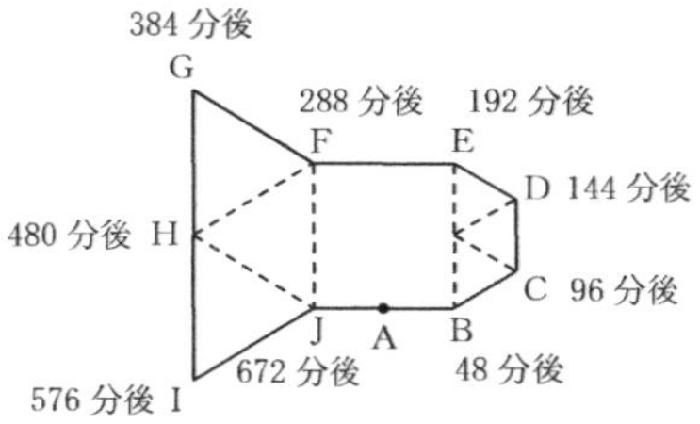

図Ⅱ

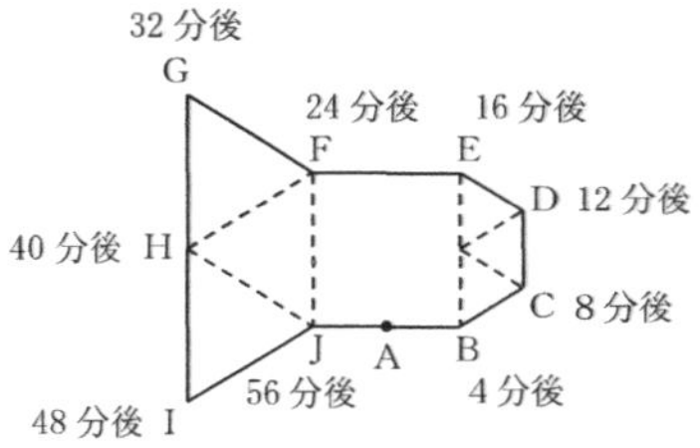

条件に合う時間は，出発してから１時間36分後から１時間48分後までの12分間である。
QがＥＦ上にあるとき，つまり出発してから３時間12分後から４時間48分後までの間は，PがＡＢ上またはＪＡ上にあればよいから，条件に合う時間は，出発してから３時間56分後から４時間４分後までの８分間である。
QがＧＩ上にあるとき，つまり出発してから６時間24分後から９時間36分後までの間は，PがＣＤ上にあればよいから，条件に合う時間は，出発してから７時間８分後から７時間12分後までと，８時間８分後から８時間12分後までと，９時間８分後から９時間12分後までの，合わせて４×３＝12(分間)である。
⑶で求めた時間も合わせると，求める時間は，16＋12＋８＋12＝**48**(分間)

《2024　第３回　理科　解説》

1　**問２**　図ｉ参照。心臓から送り出される血液が流れる血管を動脈，心臓にもどってくる血液が流れる血管を静脈という。全身をめぐって酸素を届け終わった(二酸化炭素を多くふくむ)血液は，大静脈を通って右心房《しんぼう》にもどり，右心室から肺動脈を通って肺に送られる。肺で気体交換《こうかん》をした後の酸素を多くふくむ血液は，肺静脈を通って左心房にもどり，左心室から大動脈を通って全身に送られる。なお，酸素を多くふくむ血液を動脈血，二酸化炭素を多くふくむ血液を静脈血といい，肺動脈には静脈血が，肺静脈には動脈血が流れている。

図ｉ

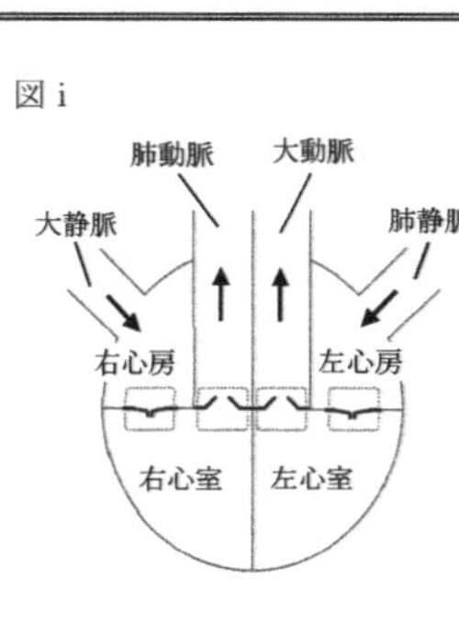

問３　心室は勢いよく血液を送り出すため，心房と比べて心筋が厚くなっている。また，２つの心室のうち，全身に血液を送り出す左心室の方が，より勢いよく血液を送り出す必要があるため，心筋が厚くなっている。

問４　心房が収縮し，心室に血液が十分に移動した後，心室が収縮して血液を送り出すことで，効率よく血液を循環《じゅんかん》させることができる。収縮するまでの時間のズレが小さくなると，心房から心室に血液が十分に移動する前に心室から血液が送り出され，肺や全身をめぐる血液の量が少なくなる。

問５　「どっ」は心房と心室の間の弁が閉じる音，「くん」は心室と動脈の間の弁が閉じる音とされている(弁は心房と心室の収縮にともなって開閉する)。また，脈拍《みゃくはく》は体循環にある体表の近くを通る動脈で感じることができる。

問６(a)　物体を水の中に入れると，物体は物体と同じ体積の水を押《お》しのけ，押しのけた水の重さと同じ大きさの上向きの力(浮力《ふりょく》)を受ける。このとき，浮力と同じ大きさの下向きの力が水にはたらくので，その分，電子てんびんの値が増える。つまり，増えた重さが200ｇのとき，にぎりこぶしが押しのけた水の重さも200ｇであり，水１㎤の重さは約１ｇだから，にぎりこぶしが押しのけた水の体積(にぎりこぶしの体積と同じ)は200㎤だとわかる。あふれた水の体積を測る方法では，あふれる直前まで水を入れなかったことによる誤差や，あふれた水が容器に付着して完全に回収できなかったことによる誤差が生じることがある。また，目盛りを目分量で読み取るときにも誤差が生じることがある。これに対し，電子てんびんでは重さが数値ではっきりと表示されるので，より正確な値を求めることができる。なお，容器に入れる水の密度を求めておけば，さらに正確な値になる。　(b)　１回の拍動で140－70＝70(mL)の血液が送り出される。１時間のうち，安静にしている時間は40分だから拍動数は70×40＝2800(回)，運動している時間は20分だから拍動数は130×20＝2600(回)である。よって，送り出した血液の合計量は70×(2800＋2600)＝378000(mL)である。

問７　弁は血液が流れる方向に向かってせまくなるようについている。また，心室が血液を送り出すとき，心室と動脈の間の弁が開くことで動脈へ血液が送り出され，心房と心室の間の弁が閉じることで心房へ血液が逆流しないようになっている。

2　**問１**　②×…砂糖水やエタノール水よう液など，中性の水よう液には電気が流れないものがある。　③×…エタノールの水よう液は，水に液体のエタノールを溶《と》かしたものである。また，水に，気体の二酸化炭素を溶かした炭酸水，気体の塩化水素を溶かした塩酸，気体のアンモニアを溶かしたアンモニア水などもある。　④×…水よう液の液性には，酸性，中性，アルカリ性の３つがある。

問２　ＤはＡにふくまれていた水がすべて出ていったものだから，100ｇのＡには100－64.0＝36.0(ｇ)の水がふくまれていることがわかる。よって，62.5ｇのＡにふくまれている水は$36.0\times\frac{62.5}{100}=22.5$(ｇ)である。

問３　問２解説で求めた36.0ｇが硫酸銅《りゅうさんどう》１個に対する水５個の重さに相当すると考えればよい。Ｂにふくまれている水は85.6－64.0＝21.6(ｇ)だから，硫酸銅１個に対して水が$5\times\frac{21.6}{36.0}=3$(個)ふくまれていることになる。同様に考えて，Ｃにふくまれている水は71.2－64.0＝7.2(ｇ)だから，硫酸銅１個に対して水が$5\times\frac{7.2}{36.0}=1$(個)ふくまれている。

問４　図２から温度が60℃のときの値を読み取ると，40ｇである。

問５　100ｇのＡを120℃で加熱すると71.2ｇになるから，20ｇのＡでは$71.2\times\frac{20}{100}=14.24$(ｇ)になり，このうち$64.0\times\frac{20}{100}=12.8$(ｇ)が硫酸銅の重さである。よって，加熱後，蒸発皿に残った固体を100ｇの水に溶かすと，〔濃度《のうど》(%)＝$\frac{\text{溶けているものの重さ(g)}}{\text{水よう液の重さ(g)}}\times100$〕より，$\frac{12.8}{14.24+100}\times100=11.20\cdots\rightarrow11.2$%となる。

問６(a)　水に溶けていない固体を取り出すにはろ過を行えばよい。　(b)　問５解説より，20ｇのＡには12.8ｇの硫酸銅と20－12.8＝7.2(ｇ)の水がふくまれている。この7.2ｇの水が60℃の飽和水よう液だったときに溶かしている硫酸銅の重さは$40\times\frac{7.2}{100}=2.88$(ｇ)だから，この7.2＋2.88＝10.08(ｇ)の飽和水よう液と12.8－2.88＝9.92(ｇ)

の硫酸銅によって，20ｇのＡができたと考えればよい。つまり，60℃から20℃まで冷やしたときに，Ａにならずに硫酸銅のまま9.92ｇの固体が出てくる飽和水よう液の重さと10.08ｇの合計がはじめに用意した水よう液の重さである。硫酸銅は60℃の水100ｇに40ｇまで溶け，20℃の水100に20ｇまで溶けるから，60℃で100＋40＝140（ｇ）の飽和水よう液を20℃まで冷やすと，40－20＝20（ｇ）の硫酸銅が出てくる。よって，同様の操作を行うことで9.92ｇの硫酸銅が出てくるのは，60℃の飽和水よう液の重さが$140\times\frac{9.92}{20}$＝69.44（ｇ）のときだから，はじめに用意した水よう液の重さは69.44＋10.08＝79.52→79.5ｇである。

問７　60℃になるまではＡが溶け残りとして出てこないから，水よう液中の水の重さは変化しない。60℃になるとＡが溶け残りとして出てくるようになり，20℃まで硫酸銅が溶ける重さは小さくなっていくから，20℃までＡが増え続けることで，水よう液中の水はＡに取りこまれ，減っていく。

3　**問１**　２個のかん電池を使って１個のときと同じ明るさで豆電球がつくのは，かん電池を並列つなぎにしたときである。並列つなぎにすることで，１個のかん電池から流れる電気が図１のときの半分になり，長い時間豆電球がつく。

問２　容量80kWhの90－30＝60(％)，つまり80×0.6＝48(kWh)の電気をためればよい。よって，48÷３＝16(時間)である。

問３　560kmを走行するのに必要な電気の量は560÷７＝80(kWh)である。これは，80kWで充電した場合，１時間(3600秒)かかる量である。１分20秒(80秒)で同じ量を充電《じゅうでん》する場合，時間を$\frac{80}{3600}=\frac{1}{45}$(倍)にすることになるので，充電する速さを45倍にすればよい。よって，80×45＝3600(kW)となる。

問４　1050km走行するのに必要な電気の量は1050÷７＝150(kWh)で，帰宅時に残っていた電気の量がバッテリー容量の10％，つまり80×0.1＝８(kWh)だから，充電量の合計は150＋８＝158(kWh)である。自宅での充電量が80kWh，ホテルでの充電量が３×15＝45(kWh)，ショッピングモールでの充電量が６×３＝18(kWh)だから，経路充電で158－(80＋45＋18)＝15(kWh)充電したと考えられる。経路充電の速さは150kWだから，かかった時間は15÷150＝0.1(時間)→６分間である。

問６　④○…長い下り坂で，スピードが必要以上に出ないようにブレーキがはたらくと，運動エネルギーが電気エネルギーに変わり，バッテリーが充電されるため，走行可能距離《きょり》が増える。

4　**問２**　①のように引く力がはたらくと，断層に沿って上盤《うわばん》(図では断層の右側)がズルっと下にずれる。これが正断層である。これに対し，②のように押す力がはたらくと，断層に沿って上盤が(図では断層の右側)がズルっと上にずれる。これが逆断層である。

問３　(a)では，自分が立っている位置は断層に沿って右上に動く。つまり，断層の上の地域には右向き，または上向きの力がはたらいたと考えられるから，④が適する。(a)の断層の下の地域，(b)についても同様に考えればよい。

問５　③は古生代(約５億4000万年前～約２億5000万年前)，①は中生代(約２億5000万年前～約6600万年前)，②は新生代(約6600万年前～)に栄えた生物である。

問６　アはカーブの外側だから引っ張る力がはたらき，イはカーブの内側だから押す力がはたらく。

問７　図２の地層の模様に着目すると，Ａは谷型の部分(向斜《こうしゃ》)，Ｂは山型の部分(背斜)である。

2023 解答例 令和5年度　須磨学園中学校【第3回】

《国　語》

一　問一．２　問二．３　問三．３　問四．絶望　問五．４　問六．ｉ．「まなざしの地獄」　ii．一人の人生に光を当てて、その人が生きている社会の構造の中で徹底的に分析する〈人生の社会学〉の最初のサンプルであり、様々な分類、壁を作って専門分化してきた近代の知のシステムの壁が崩れ、そのあとに現れる「人間学」のようなものの中で読まれるもの。　問七．１，４，５，８　問八．１．宿舎　２．規定　３．提示　４．沿　５．断片〔別解〕断編　６．背　７．志　問九．ａ．３　ｂ．３　ｃ．２

二　問一．ａ．２　ｂ．３　ｃ．１　ｄ．１　問二．２　問三．４　問四．４　問五．１　問六．３　問七．２，３　問八．２，３，７，８

《算　数》

1　(1)4　(2)4　(3)330　(4)1000　(5)18

2　(1)600　(2)54　(3)$2\frac{8}{11}$　(4)207.24　(5)$81\frac{1}{3}$　(6)$2\frac{6}{125}$　(7)3707　(8)27.96

3　(1)40　(2)45　※(3)8　(4)4

4　(1)4　(2)3　(3)ア　(4)8

5　(1)18.84　(2)75.36　(3)50.24　(4)125.6

※の考え方は解説を参照してください。

《理　科》

1　問１．①○　②○　③×　④×　問２．感覚器官　問３．(ア)ひとみ　(イ)こうさい　問４．①　問５．(a)100　(b)1000　(c)2400　問６．②　問７．⑤　問８．減っていく　理由…矢印Cの反応に比べて，矢印Aの反応の方が速く進むから。

2　問１．ニホニウム　問２．右図　問３．③　問４．②，④　問５．３　問６．202

2問２の図

3　問１．③　問２．重さによらず一定　問３．４　問４．100　問５．$\frac{1}{2}$　問６．右図　問７．(オ)４　(カ)$\frac{1}{4}$

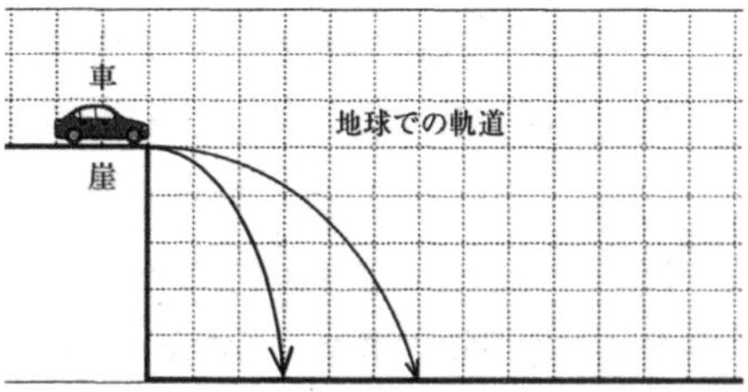

3問６の図

4　問１．すべての天体が地球の周りを回っている　問２．月は自転する周期と公転する周期が同じだから。　問３．(a)下図　(b)下図　問４．(a)①　(b)時間帯…③　形…④　(c)20

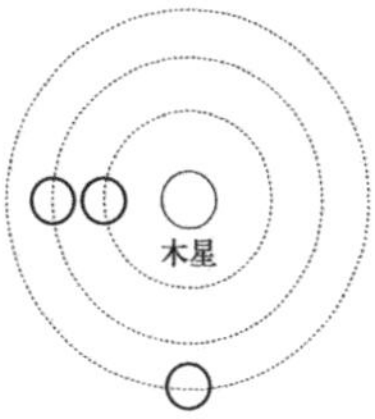

4問３(a)の図

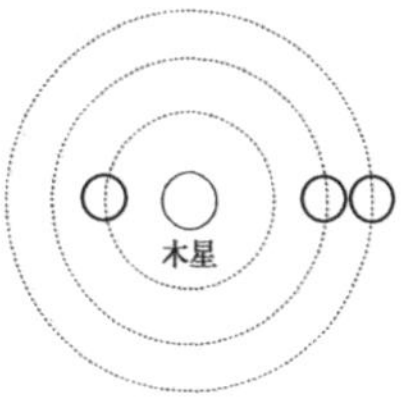

4問３(b)の図

2023 解説 令和5年度 須磨学園中学校【第3回】

《2023 第3回 国語 解説》

一 **問一** 手記の表紙に載《の》せられていた漢字練習帳の写真についての説明が、（ 2 ）の直後に書かれている。N・Nが「逮捕《たいほ》されたあとに字を覚えようとして何度も何度も字を書きつけた」のが、この漢字練習帳だったのである。

問二 この後に「N・Nは地方で極貧《ごくひん》の子供時代を送り」とあり、さらに「ぼくも子供時代に貧困を体験し～N・Nの言葉に共鳴しました」とある。つまり、筆者が「衝撃《しょうげき》を受けた」のは、極貧の子供時代を送ったN・Nに共感したからである。さらに後の方で、N・Nと筆者には、偏見《へんけん》にさらされて苦しんだという共通点があることが書かれている。このこともまた、筆者がN・Nに共感した理由にあたる。よって、3が適する。

問三 直前の「N・Nにとって都市は～構造もありました」の部分が、「思う通りに理解されない」の説明になっている。「若者の『安価な労働力』としての面には関心を寄せても」と、3の「安価な労働力として使い捨てられる」が一致《いっち》する。また、「その人が自由への～関心を寄せない」と、3の「自分の精神性への考慮《こうりょ》がなされず」が一致する。

問四 直前の段落に、上京したN・Nは、「思う通りに理解されない」ことに「苦しみ、他者のまなざしに沿って自らを変形させてい」ったと書かれている。自らを変形させるほどに苦しんだことを表す言葉としては、「絶望」が適する。

問五 「精神の鯨《くじら》」の話において、「鯨は自分自身の精神」である。鯨を少しずつ食べていき、気が付くと鯨が死んでいたというのは、――線部Cの直後の段落にあるように、現代社会で仕事をする若者が、「やむをえない必要に追われ」て働く中で、「自分の初心や夢や志をちょっとずつちょっとずつすり減らし、食いつぶしている」うちに、気が付くと「自分が何のために生きているのか分からなくなってしまっている」ということを表している。よって、「自由への意思や誇《ほこ》りを持って生きようとしながらも」「気づいたときには自分の生きる意味を見失っていた」とある4が適する。

問六 i 前の段落に「『まなざしの地獄《じごく》』は文学なのか」とある。ここから――線部Dまで、「まなざしの地獄」とは何なのかについての話が続いている。 ii まず、――線部Dをふくむ段落に、「人間学」のようなものが現れた時に、その一環《いっかん》として「まなざしの地獄」が読まれたらいいということが書かれている。この「『人間学』のようなもの」は、近代の知のシステムが様々な分類、壁《かべ》を作って専門分化してきた、その壁がなくなったあとに現れると説明されている。また、13行目から19行目に、筆者が「まなざしの地獄」を書くに至った経緯《けいい》や理由が書かれているので、この部分も用いてまとめる。

問七 1．直後に本名が書かれているので、適当でない。 4．ここでの「切れば血の出る社会学」とは、「集団や社会を抽象《ちゅうしょう》的に概念《がいねん》規定したり分類したりするだけの社会学」ではなく、「一人の人生に光を当て、その人が生きている社会の構造の中で徹底《てってい》的に分析《ぶんせき》する」ような社会学であることを表している。よって、適当でない。

5．「雰囲気《ふんいき》が以前と変わったこと」が明確に読み取れるわけではない。よって、「明示している」は適当でない。

8．「人間学」は、専門分化した学問の壁がなくなったあとに現れるものなので、「高度に専門化された学問」は適当でない。

二 著作権上の都合により文章を掲載《けいさい》しておりませんので、解説も掲載しておりません。ご不便をおかけし、誠に申し訳ございません。

《2023　第３回　算数　解説》

1 (1)　与式＝(12－7＋2)－(24－12－3)÷(6÷2)＝7－9÷3＝7－3＝**4**

(2)　与式＝$\frac{12}{5}\times\frac{7}{18}\times\frac{15}{2}\div\frac{28}{9}+\frac{35}{13}\div\frac{16}{11}\times\frac{13}{10}\div\frac{11}{8}=\frac{12}{5}\times\frac{7}{18}\times\frac{15}{2}\times\frac{9}{28}+\frac{35}{13}\times\frac{11}{16}\times\frac{13}{10}\times\frac{8}{11}=\frac{9}{4}+\frac{7}{4}=\frac{16}{4}=$ **4**

(3)　与式＝63×9＋37×9－17×15－61×15＋100×6＝(63＋37)×9－(17＋61)×15＋100×6＝100×9－78×15＋100×6＝100×(9＋6)－78×15＝100×15－78×15＝(100－78)×15＝22×15＝**330**

(4)　与式＝(3週間2日12時間5分21秒＋1日16時間57分48秒)－(2週間6日12時間11分9秒＋4日16時間35分20秒)＝3週間3日28時間62分69秒－2週間10日28時間46分29秒＝3週間3日28時間62分69秒－3週間3日28時間46分29秒＝16分40秒＝(16×60＋40)秒＝**1000秒**

(5)　与式より，$\frac{27-9}{(\square-9)\div3}\times\frac{3}{18}=1$　　$\frac{18}{(\square-9)\div3}\times\frac{1}{6}=1$　　$\frac{3}{(\square-9)\div3}=1$　　(□－9)÷3＝3
□－9＝3×3　　□＝9＋9＝**18**

2 (1)　肉屋についたときの残金は10000－630－450－1080＝7840(円)なので，牛肉は7840－2560＝5280(円)分買った。牛肉は100gで880円だから，求める重さは，$100\times\frac{5280}{880}=$ **600(g)**

(2)　**【解き方】右のように記号をおく。図形の対称性から，ＥＱとＢＣは垂直に交わるとわかる。**

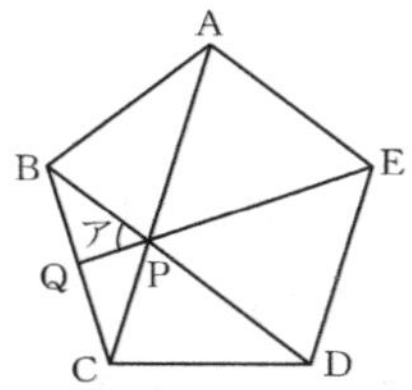

正五角形の内角の和は180°×(5－2)÷5＝108°で，三角形ＢＣＤはＢＣ＝ＤＣの二等辺三角形だから，角ＣＢＤ＝(180°－108°)÷2＝36°
三角形ＢＰＱの内角の和より，角ア＝180°－36°－90°＝**54°**

(3)　Ｃは5時間で400×5＝2000(Ｌ)，10時間で400×10＝4000(Ｌ)だけ排水するので，Ａからは5時間で1500＋2000＝3500(Ｌ)，Ｂからは10時間で4000－1500＝2500(Ｌ)の水が入る。
よって，ＡとＢからはそれぞれ，1時間で3500÷5＝700(Ｌ)，2500÷10＝250(Ｌ)の水が入る。
したがって，ＡとＢとＣを同時に動かすと，1時間で700＋250－400＝550(Ｌ)の水が入るから，求める時間は，$1500\div550=\frac{30}{11}=$ **$2\frac{8}{11}$(時間)**

(4)　**【解き方】できる立体は右のようになる。柱体の側面積は(底面の周の長さ)×(高さ)，円すいの側面積は(底面の半径)×(母線の長さ)×3.14で求められる。**

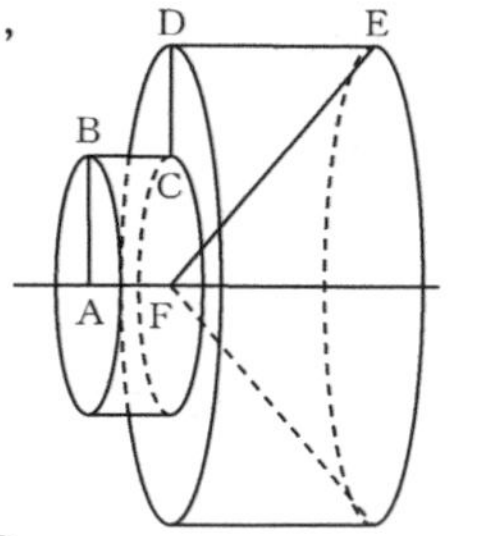

表面積は，半径がＡＢ＋ＣＤ＝4(cm)の円の面積と，底面の半径が2cmで高さがＢＣ＝1.5cmの円柱の側面積と，底面の半径が4cmで高さがＤＥ＝3cmの円柱の側面積と，底面の半径が4cmで高さが1.5＋3－1.5＝3(cm)で母線の長さがＥＦ＝5cmの円すいの側面積の和で求められるから，
4×4×3.14＋2×2×3.14×1.5＋4×2×3.14×3＋4×5×3.14＝66×3.14＝**207.24(cm²)**

(5)　12時間ごとに，水位は3×12＝36(cm)高くなること，1×12＝12(cm)低くなることをくり返す。
よって，36－12＋36－12＋36－12＝72より，12×6＝72(時間後)の水位は72cmである。
ここからは，水位は1時間で3cm上がるから，100－72＝28(cm)上がるのに$28\div3=\frac{28}{3}=9\frac{1}{3}$(時間)かかる。
よって，求める時間は，$72+9\frac{1}{3}=$ **$81\frac{1}{3}$(時間後)**

(6)　三角形ＡＢＣ，ＡＣＤ，ＤＣＥ，ＡＥＦは同じ形で，3辺の長さの比がＢＣ：ＡＣ：ＡＢ＝3：4：5の直角三角形である。よって，ＤＣ＝ＡＣ×$\frac{3}{5}=4\times\frac{3}{5}=\frac{12}{5}$(cm)，ＣＥ＝ＤＣ×$\frac{3}{5}=\frac{12}{5}\times\frac{3}{5}=\frac{36}{25}$(cm)，
ＡＥ＝ＡＣ－ＣＥ＝$4-\frac{36}{25}=\frac{64}{25}$(cm)，ＡＦ＝ＡＥ×$\frac{4}{5}=\frac{64}{25}\times\frac{4}{5}=\frac{256}{125}=$ **$2\frac{6}{125}$(cm)**

(7)　**【解き方】3と4の最小公倍数は12だから，〈a〉＝〈a＋12〉が成り立つ。2022÷12＝168余り6より，**

〈１〉から〈2022〉までの値を並べると，〈１〉から〈12〉までの値が 168 回並び，その後〈１〉，〈２〉，〈３〉，〈４〉，〈５〉，〈６〉の値が並ぶ。

〈１〉＝１，〈２〉＝２，〈３〉＝３，〈４〉＝１，〈５〉＝２，〈６〉＝２，〈７〉＝３，〈８〉＝２，〈９〉＝１，〈10〉＝２，〈11〉＝３，〈12〉＝０だから，求める数は，

（１＋２＋３＋１＋２＋２＋３＋２＋１＋２＋３＋０）×168＋１＋２＋３＋１＋２＋２＝**3707**

⑻　**【解き方】右のように線をひき，斜線《しゃせん》部分をわけて考える。**

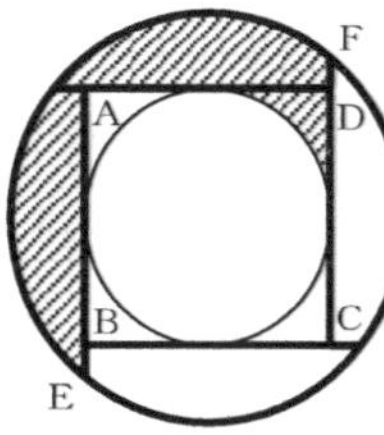

太線で囲まれた４つの合同な図形の面積の和は，半径が６㎝の円の面積から，１辺が４×２＝８(㎝)の正方形の面積をひけばよいので，斜線部分のうち，太線で囲まれた２つの合同な図形の面積の和は，（６×６×3.14－８×８）× $\frac{2}{4}$ ＝24.52(㎠)

斜線部分のうち，太線で囲まれていない部分は，１辺が８㎝の正方形から，半径が４㎝の円を取り除いた図形を４等分した図形だから，面積は，（８×８－４×４×3.14）÷４＝3.44(㎠)

したがって，斜線部分の面積は，24.52＋3.44＝**27.96**(㎠)

３　⑴　**【解き方】長針は２時間＝120 分で 360°進むから，１分ごとに 360°÷120＝３°進む。短針は６時間＝360 分で 360°進むから，１分ごとに 360°÷360＝１°進む。よって，長針は短針よりも１分ごとに３°－１°＝２°多く進む。**

図の状態のとき，長針と短針とでできる小さい方の角の大きさは 30°×４＝120°である。この角度は，40 分で２°×40＝80°小さくなるから，求める角度は，120°－80°＝**40°**

⑵　図の状態から１時間後，長針と短針とでできる小さい方の角の大きさは 120°－２°×60＝０°，つまり，長針と短針が重なる。ここから，長針と短針とでできる小さい方の角の大きさは１分ごとに２°大きくなるから，求める時間は，１時間後からさらに 90°÷２°＝45(分後)の，１時間 **45** 分後である。

⑶　**【解き方】長針と短針が重なってから再び長針と短針が重なるまでにかかる時間は，360°÷２°＝180(分)，つまり３時間だから，３時間ごとに何回直角になるかを考える。**

問題の図の状態から１時間後に長針と短針が初めて重なり，ここまでで長針と短針とでできる角は１回直角になる。

このとき図①の状態である。この 45 分後に長針と短針とでできる角が直角になる(図②)。また，図②から 180°÷２°＝90(分後)に，短針は 90°，長針は３°×90＝270°進んで，長針と短針とでできる角は直角になる(図③)。

図①　図②　図③　図④

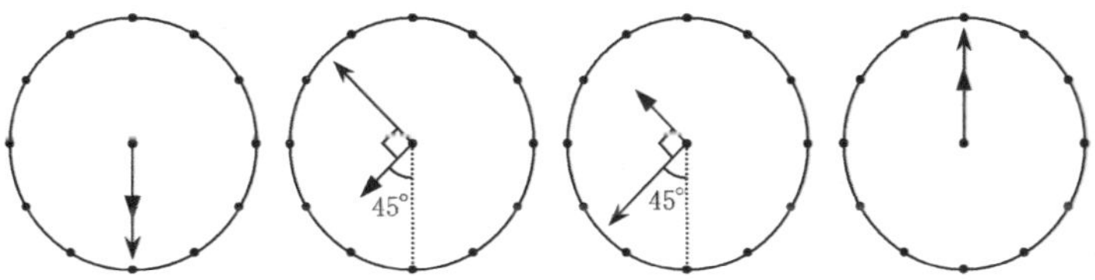

この 45 分後に長針と短針は再び重なる(図④)。したがって，直角になることは図①から図④までの３時間ごとに２回あるから，問題の図の１＋３＋３＋３＝10(時間後)までに１＋２×３＝７(回)ある。

図①から図③までは 45＋90＝135(分)，つまり２時間 15 分だから，10 時間後から 12 時間後までに直角になる回数は１回だけである。よって，求める回数は，７＋１＝**８**(回)

⑷　**【解き方】長針と短針が重なってから再び長針と短針が重なるまでの形を考える。**

長針と短針とでできる角が直角になるときの長針と短針の位置の組み合わせは，⑶の図①から図④までに２通りある。また，図④の３時間後に再び図①の状態になるが，この３時間の間に長針と短針が直角になる位置の組み合わせは，図②を 180°回転させたものと，図③を 180°回転させたものの２通りある。

よって，全部で，２＋２＝**４**(通り)

4 (1)　図ⅰのA～Dの**4**か所ある。

図ⅰ

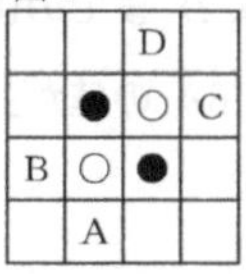

図ⅱ

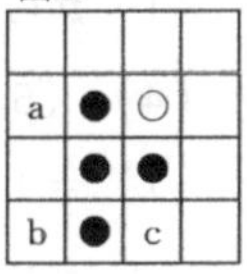

(2)　図ⅱのa～cの**3**か所ある。

(3)　アに置いたときは図ⅲのようになり，☆印の２か所に４手目を置くことができるが，どちらに置いても黒のコマが３個，白のコマが５個になるので，条件に合う。イに置いたときは図ⅳ，ウに置いたときは図ⅴのようになり，どちらも☆印に４手目を置いたときに黒のコマと白のコマが４個ずつになるから，条件に合わない。

よって，求める記号は**ア**である。

図ⅲ

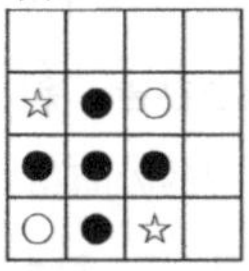

図ⅳ

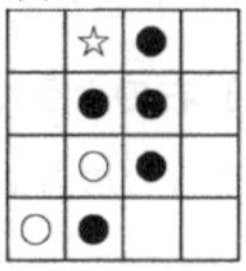

図ⅴ

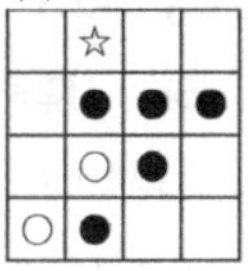

(4)　**【解き方】(2)の図ⅱのように１手目を置いたとき，２手目をa～cで場合をわけて考える。**

２手目がaの位置のときは図ⅵのようになる。３手目は☆印のいずれかに置けるが，どこに置いても４手目終了時に必ず白のコマの方が多くなることはない。２手目がbの位置のときは，(3)の図ⅲのようなときに条件に合うから，１通りある。

図ⅵ

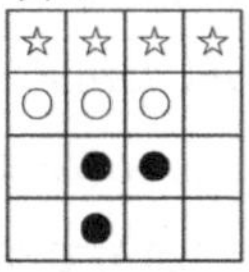

図ⅶ

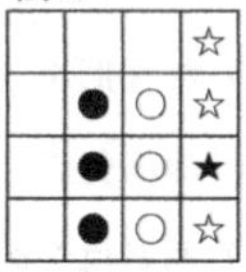

図ⅷ

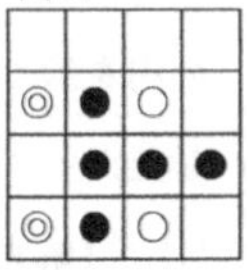

２手目がcの位置のときは図ⅶのようになる。３手目は☆か★印のいずれかにおける。★印に３手目を置いたときは図ⅷのようになり，◎印の２か所に４手目を置くことができるが，どちらに置いても黒のコマが３個，白のコマが５個になるので，条件に合う。他に条件に合う置き方はないので，２手目がcの位置のときは１通りある。

よって，１手目を固定すると，条件に合う置き方は１＋１＝２(通り)ある。１手目の置き方は４通りあり，その４通りに対して条件に合う置き方が２通りずつあるので，条件に合う置き方は全部で，４×２＝**8**(通り)ある。

また，８通りの置き方は右図のように表せる(右下の数字は置いた順番を表す)。

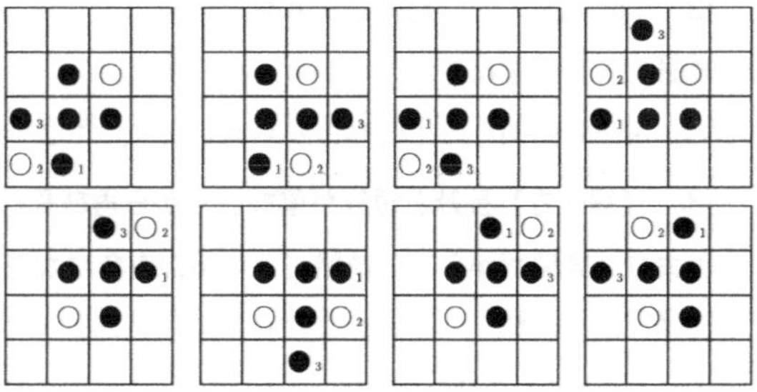

5 (1)　**【解き方】おうぎ形ＯＡＢの曲線部分が直線ℓに接している間，Ｏと直線ℓとの距離は常に４cmとなる。よって，Ｏが動いてできる線は右図の太線のようになる。**

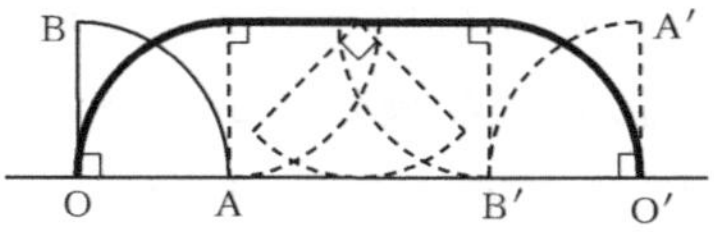

曲線部分の長さの和は，半径が４cmの円の$\frac{1}{4}$おうぎ形の曲線部分の長さの２倍だから，$4\times2\times3.14\times\frac{1}{4}\times2=4\times3.14$(cm)　直線部分の長さは半径が４cmの円の$\frac{1}{4}$おうぎ形の曲線部分の長さに等しく，

$4\times2\times3.14\times\frac{1}{4}=2\times3.14$(cm)

よって，求める長さは，$4\times3.14+2\times3.14=6\times3.14=$**18.84**(cm)

(2)　(1)の図について，ＯＯ′＝$4+2\times3.14+4=14.28$(cm)だから，Ｏが動いてできる線は右図のようになる。求める長さは，(1)で求めた長さの４倍だから，$6\times3.14\times4=24\times3.14=$**75.36**(cm)

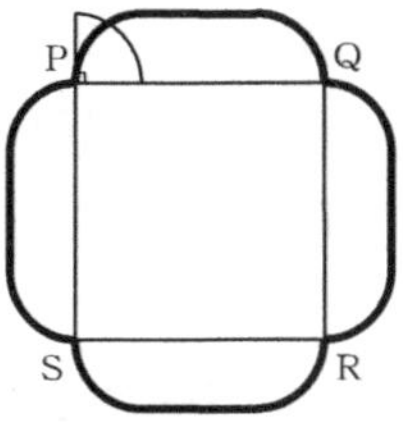

(3)　**【解き方】7.14＝14.28÷2だから，Oが動いてできる線は右図の太線のようになる。**

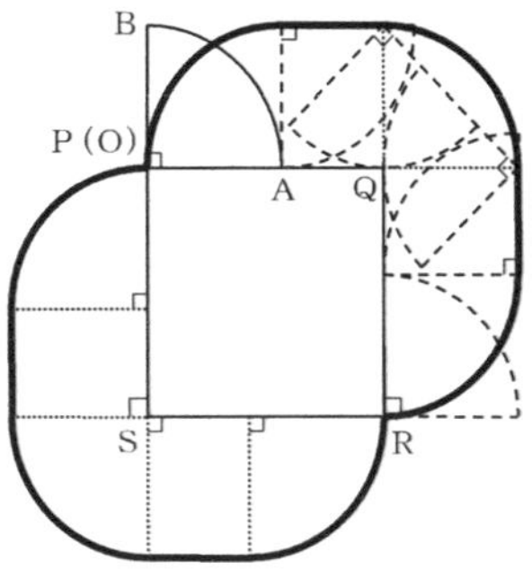

曲線部分の長さの和は，半径が4cmの円の$\frac{1}{4}$のおうぎ形の曲線部分の長さの6倍で，直線部分の長さの和は，半径が4cmの円の$\frac{1}{4}$のおうぎ形の曲線部分の長さの2倍だから，求める長さは，$4\times2\times3.14\times\frac{1}{4}\times(6+2)=16\times3.14=$**50.24**(cm)

(4)　(3)の図をふまえる。求める面積は，半径が4cmの円の$\frac{1}{4}$のおうぎ形の面積の6倍と，たてが4cmで横が$2\times3.14\div2=3.14$(cm)の長方形の面積の4倍との和だから，$4\times4\times3.14\times\frac{1}{4}\times6+4\times3.14\times4=(24+16)\times3.14=$**125.6**(cm²)

《2023　第3回　理科　解説》

1　**問1**　③×…1つ1つの個眼がうつす範囲は非常にせまく，それぞれの個眼がうつす範囲を合わせて全体像をうつしていると考えられている。　④×…トンボのなかまの3つの単眼は頭にある。

問4　視神経の位置と脳へ伸《の》びる向きより，図1は右眼であり，右耳があるのは図の上側である。また，光は角まくから眼に入って，レンズを通って網まくに像を結ぶので，光が入るのは図の左側からである。

問5(a)　1億2000万÷120万＝100(個)　**(b)**　(a)と比べて，1個の視細胞が情報を渡す視神経の数が10倍になったので，1本の視神経が情報を受け取る視細胞の数も10倍になる。100×10＝1000(個)　**(c)**　30×0.5＋20×0.4＋10×0.1＝24 より，平均するとすべての視細胞が1個につき24本の視神経に光の情報を渡すことになるので，$1000\times\frac{24}{10}=2400$(個)となる。

問6　周囲が明るくなると，レンズに入る光の量を少なくするためにこうさいが大きくなって，ひとみが小さくなる。

問7　⑤○…問題文より，明るいほどロドプシンが活性型ロドプシンになる反応が速く進むため，ロドプシンの量は減る。

2　**問2**　酸素原子の2本の手に，それぞれ水素原子の1本の手が結びつく。

問3　③○…二酸化炭素では，炭素原子の4本の手のうち2本ずつが，それぞれの酸素原子の2本の手と結びつくので，2個の二重結合で結びついている。

問4　単結合の数は①が4個，②が3個，③が0個，④が3個である。

問5　図iの3種類が考えられる。

図i

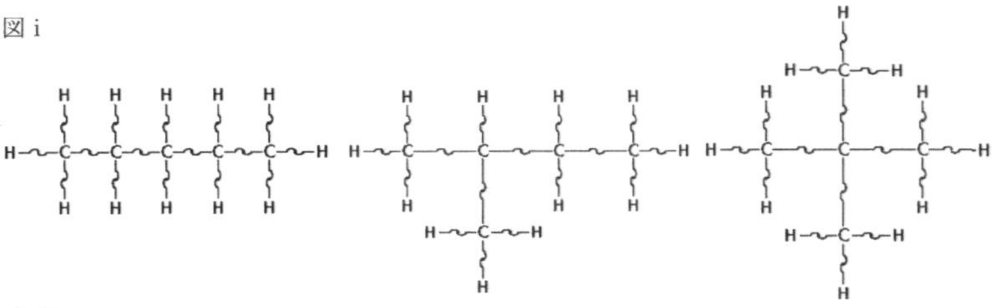

問6　両はしの炭素原子にはそれぞれ3個の水素原子が，それ以外の98個の炭素原子にはそれぞれ2個の水素原子が結びついている。よって，3×2＋2×98＝202(個)となる。

3　**問3**　表1より，崖《がけ》の高さを5mの16倍(4×4倍)の80mにすると，落下にかかる時間は4倍になることがわかる。

問4　問3解説より，崖の高さを5mの100倍(10×10倍)の500mにしたときの落下にかかった時間は10倍の10秒で，水平方向に進んだ距離は100mである。

問5　表1と表2で崖の高さが同じときの落下にかかった時間を比べると，表2は表1の$\frac{1}{2}$倍になっていることがわかる。

問6　SG星では，地球に比べて崖の高さが同じときの落下にかかった時間が$\frac{1}{2}$倍になるので，水平方向に移動した距離も$\frac{1}{2}$倍になる。

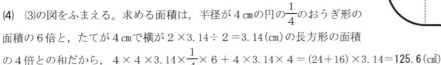

問7　体積が$\frac{1}{16}$になると，がけの高さも$\frac{1}{16}$になるので，問３解説より，落下にかかった時間は$\frac{1}{4}$になる。よって，$\frac{1}{4}$倍速で再生すればよい。

4　**問３(a)**　イオは１周，エウロパは$\frac{1.8}{3.6}=\frac{1}{2}$(周)，ガニメデは$\frac{1.8}{7.2}=\frac{1}{4}$(周)する。　**(b)**　木星とイオとエウロパが図１の次に一直線に並ぶのは 1.8 日後だから，一直線に並ぶのは，早い方から 1.8 日後，3.6 日後，5.4 日後…となる。これらのうち，ガニメデも一直線に並ぶのは，ガニメデが図１から$\frac{1}{2}$周する 3.6 日後である。

問４(a)　①○…図２より，金星が地球から遠い(小さく見えるとき)ほど，太陽の光を反射して光って見える部分が円に近づくことがわかる。　**(b)**　３か月→90 日後に，金星は $360\times\frac{90}{225}=144$(度)，地球は 90 度回転するので，金星が地球を追い越す。図２で地球から見て金星が太陽の右側にくると，日の出直前に見えるようになる。地球，太陽，金星の順に結んだときにできる角の大きさは 144－90－45＝９(度)だから，金星は④のような形に見える。
(c)　金星は１日で$\frac{360}{225}=1.6$(度)，地球は１日で$\frac{360}{360}=1$(度)公転するので，金星と地球の１日の回転角度の差は 1.6－１＝0.6(度)である。この差が 360 度になるとき同じ位置関係に戻るので，360÷0.6＝600(日)→20 か月後である。

2022 解答例 令和4年度 ★須磨学園中学校【第3回】

《国　語》

一 問一．A．2　B．4　C．3　問二．X．4　Y．2　問三．2　問四．Ⅰ．1　Ⅱ．2　Ⅲ．3

問五．1　問六．3　問七．友人が真剣に悩んでいる状況　問八．3　問九．1

問十．a．拡散　b．危険　c．相当　d．時世　e．賞賛〔別解〕称賛

二 問一．Ⅰ．2　Ⅱ．4　問二．1　問三．X．5　Y．5　問四．A．名　B．実　問五．4

問六．息子が「名じゃなく実を見てくれる客に、通じる商売をしたい」と言ったことを、描き手の名前ではなく仕事そのものが評価されたことを象徴する花札を見ながらかみしめ、自分が大切にする生き方を受け継いでくれるのだと確信し、生涯で一番の幸せを感じたから。　問七．2

《算　数》

1 (1)17　(2)16　(3)1234　(4)$\frac{4}{9}$　(5)$4\frac{9}{34}$

2 (1)648　(2)12　(3)26.84　(4)1978　(5)621.72　(6)50　(7)390　(8)433

3 (1)90　(2)461　(3)78　(4)78

4 (1)60　(2)9.42　※(3)4.29

5 (1)12　(2)140　(3)28　(4)3

※の考え方は解説を参照してください。

《理　科》

1 問1．あしがある部分…むね　空気の出入り口がある部分…はら

問2．ムカデ＞ダンゴムシ＞サワガニ＞クモ＞こん虫　問3．ハエ　問4．③

問5．ア．40　イ．1000万　ウ．2億5000万　問6．進化は世代をまたぐときに起こるから。

2 問1．ア．③　イ．③　ウ．①　エ．①　問2．A，B　問3．①，④　問4．840　問5．12.6

問6．(a)1680　(b)12　問7．25　問8．H＞I＞G＞J＞F

3 問1．③，④　問2．ア．左　イ．5　ウ．900　エ．90　オ．25　カ．500　キ．20　ク．400　問3．225

問4．2.25　問5．30　問6．130

4 問1．地球…①　太陽…③　問2．③　問3．地軸をかたむけたまま太陽のまわりを回っているから。

問4．④　問5．5.8　問6．⑤　問7．46　問8．125

―《2022　第３回　国語　解説》

一　問三　「潤滑油《じゅんかつゆ》」は、ものごとが円滑《えんかつ》に(とどこおりなく、すらすらと)おこなわれる仲立ちとなるもののたとえ。ここでは、ユーモアによってコミュニケーションがうまくとれる、ということを言っているので、２が適する。

問四Ⅰ　直後に「私がはっきり言わなくてもこちらの希望をよく汲《く》み取ってくれた」とあるので、１の「以心伝心」(言葉を使わないでも心が通じ合うこと)が適する。　Ⅱ　「まったく気が利《き》かない」「皮肉を込《こ》めて～と言ったところ～本気にしてしまいました」「時間を気にせず余計なことばかりしゃべります」「不機嫌《ふきげん》な顔をしても、ほとんど気に留めません」という苦情なので、２の「鈍感《どんかん》さ」(感じ方が鈍《にぶ》いこと)が適する。【相談】の前に「空気の読めない人」とあるのも参照。　Ⅲ　この一文では「なぜかというと～からである」と、直前の内容の理由を説明している。直前で述べたのは、「相談者の発言」(「あなたは本当に物分かりがいいですね」「いい時計してますね」)から、言われた人が「真意を汲み取るのはかなり難しそうだ」ということ。つまり、それらの発言に皮肉だとわかる［Ⅲ］がないから、相手に伝わらなかったのだと言っている。よって、３の「手がかり」が適する。

問五　ここは、「冗談《じょうだん》の内容が相手の不安や不快感をかき立ててしまう」ため笑えないというパターンを説明している部分である。「冗談であるということ自体は聞き手に伝わったのに、冗談の内容に問題があるため笑えない」「聞き手が『話し手は冗談のつもりで言っているのだろう』と理解しているとしても～聞き手自身にとって『本当かもしれない』のであれば」とあることに、１が適する。２の「聞き手が冗談だと受け取らなければ」、４の「今まで予想していなかった」は誤り。３は、ここより前の「冗談のつもりだったのに、本気の発言だと受け止められる」パターンの内容なので、適さない。

問六　「ショッキング過ぎたり、倫理《りんり》的に問題があったりする」「相手に眉《まゆ》をひそめられる」内容であり、そのような(他者を不快にさせる)言葉を話し手が「口に出していいと思っていること自体」を「問題視」する指摘である。よって、３が適する。

問七　ここは、「冗談を言っていい状況《じょうきょう》かどうかの判断を誤っている」パターンを説明している部分である。「『そういう状況で冗談を言うこと』自体が問題になる」とあるから、――線部ウは、冗談を言ってはいけない状況なのだとわかる。ここでは具体的にどのような状況か。直前に「つまり」とあるから、その前の、冗談を言ったら「『私が真剣《しんけん》に悩《なや》んでいるのに、冗談で返すなんてひどい』とか、『私の悩みなんかどうでもいいと思っている』」と思われてしまうような状況を指しているのだと読み取れる。

問八　１．「冗談のつもりだったのに、本気の発言だと受け止められる」パターンの説明で、「話し手の表情や音声も重要な手がかりとなる」と述べていることから読み取れる。　２．「冗談を言っていい状況かどうかの判断を誤っている」パターンの説明で、「『そういう状況(冗談を言ってはいけない状況)で冗談を言うこと』自体が問題になることもあるのだ」と述べていることから読み取れる。　４．「冗談の内容が相手の不安や不快感をかき立ててしまう」パターンの説明で、「聞き手自身にとって『本当かもしれない』のであれば～相談者の冗談がその不安をかき立ててしまう可能性がある」と述べていることから読み取れる。　よって、３が正解。

問九　「言外の意味」とは、「文字どおりの意味」とはちがう、「話し手の意図」、話し手の「真意」(本当の気持ち)のことである。この相談者の「あなたは本当に物分かりがいいですね」は、相手の物分かりが悪いことに対する皮肉である。また、「いい時計してますね」は、相手が時間を気にせず余計なことばかりしゃべることへの皮肉である。皮肉を言われたと分かったら、その悪い点をなおす対応をとると考えられるので、１が適する。４の「相手にも話してもらうようにする」は適さない。「時間を気にしろ」が相談者の真意だが、時間を気にさせたうえで、こんどは自分が話したいのか、用件だけで早く話を終わらせたいのかなどは書かれていない。

二　**問一**Ⅰ　直後の「前に出たほうがなんにしても得だ。声の大きい奴《やつ》が勝つ」とは反対の意味を持つ言葉が入るので、2「能ある鷹《たか》は爪《つめ》を隠す」(力のある者ほど、それをひけらかすようなことはしない)。　Ⅱ　客は、質屋《しちや》に品物を預けてお金を借りる。期限内にお金を返せば預けた品物(質草《しちぐさ》)は返ってくるが、期限内にお金を返せなければ、品物は質屋のものになる。親爺《おやじ》さんの質屋では「質草は定めた期限よりも三日四日長めに取り置く。その間に金を工面《くめん》してきた(なんとか工夫《くふう》してお金を用意してきた)客には、気持ちよく品を返した」とある。この親切をありがたく思った客から「感謝の言葉を述べられても、必ず聞こえないふりをした」のはなぜか。それは、感謝の言葉を受け取ると、相手が恩を感じてしまうからである。親爺さんは、先代の「客に気まずい思いをさせてはならねぇ」という思いを受け継ぎ、守っているのである。客が、情けをかけてもらってみっともない、情けないなどと感じることがないように、つまり、4「侘《わび》しい」思いをすることがないように、配慮《はいりょ》していたということ。

問二　1．トメさんが「まさかおまえ、名を成すことが仕事を極《きわ》めることだとでも思ってるんじゃなかろうね」「名だけで寄ってくる奴なんざ～自分の目で判じることもできないつまらん連中だよ」と言っているのは、「名」ではなく、そのものの善《よ》し悪《あ》しを見極めることを大事にした親爺さんの考え方を評価していると言える。また、齣《こま》江《え》は、「表は地味にして襦袢《じゅばん》を凝《こ》るのがほんとの粋人《すいじん》なのよ」と言い、暗に親爺さんの考え方を評価している。　2．トメさんの言動からは「怒《いか》りと不快感」が読み取れるが、齣江にそのような言動は見られない。　3．トメさんと齣江に「落胆《らくたん》した(がっかりした)様子」は見られない。　4．トメさんや齣江が言っていることは、若い糸屋への助言と考えることもできるが、特に齣江の言い方は遠回しで、「助言するような態度をとっている」とは言えない。

問三　糸屋の青年が「襦袢(和服の下に着る肌着《はだぎ》)なんぞにこんな贅沢《ぜいたく》するなんて」と言ったことに、「ほんとの粋人」はそうは考えない、つまり、襦袢にお金をかけるのだということを教えている。よって、［ Y ］は5。その「襦袢」と対照的なものが［ X ］に入るので、「着物」を意味する、5の「表」。

問四　「誰《だれ》が描《か》いたか知れないが誰もが知っている」花札の絵柄《えがら》の価値を尊ぶ親爺さんの考えは、息子との会話で語られている。親爺さんは「名だけなら騙《かた》り者でも真似《まね》られる。肝心《かんじん》の善し悪しは、ものを見りゃちゃんと表れているもんだ」と言い、その思いを理解して受け継ぎたいと思っている息子が「名じゃなく実を見てくれる客に、通じる商売をしたい」と言っている。

問五　息子の「こまめに働いたが～面白《おもしろ》くなさそうな顔をしていた」という様子から「やりがいを見いだせずにいた」ことがうかがえる。しかし、「大工ってのは、あんな誰の目にも触《ふ》れないところに銘《めい》を入れたんだね」と気付いたことから、「父さんの仕事もこういうことじゃないかと思ってね～名じゃなく実を見てくれる客に、通じる商売をしたい」と言った。この変化を説明したものとして、4が適する。

問六　息子が言った「名じゃなく実を見てくれる客に、通じる商売をしたい」は、親爺さんの考え方そのものである。そして、描き手の名ではなく絵そのものが世に認められている「花札」は、その考え方を象徴《しょうちょう》するものだと言える。息子の思いを知って「生涯《しょうがい》で一番幸せな晩」になり、うれしさと感動がおしよせて眠《ねむ》れなかったのだ。

問七　トメさんは、糸屋の青年の考えを聞いて「『胸くそ悪い』と吐《は》き捨《す》てて～出ていった」とある。本文中のやりとりからは、2の「本心では自分(糸屋の青年)のことを思って叱《しか》ってくれている」ということは読み取れない。

《2022　第３回　算数　解説》

1　(1)　与式＝$(121+144-169)\times\frac{1}{6}\times17-\{(62-54)\times15+(22-7)\times9\}=96\times\frac{1}{6}\times17-(8\times15+15\times9)=$
$16\times17-15\times(8+9)=16\times17-15\times17=(16-15)\times17=17$

(2)　与式＝$\frac{13}{3}\times\frac{7}{10}\times\frac{9}{7}\div\frac{13}{4}\div\frac{6}{25}\times\frac{16}{5}=\frac{13}{3}\times\frac{7}{10}\times\frac{9}{7}\times\frac{4}{13}\times\frac{25}{6}\times\frac{16}{5}=16$

(3)　与式＝(２週間１日８時間 34 分 28 秒＋２日６時間 38 分 24 秒)－(１週間２日 23 時間 12 分 30 秒＋１週間 15 時間 39 分 48 秒)＝２週間３日 14 時間 72 分 52 秒－２週間２日 38 時間 51 分 78 秒＝
２週間３日 14 時間 72 分 52 秒－２週間３日 14 時間 52 分 18 秒＝20 分 34 秒＝(20×60＋34)秒＝1234 秒

(4)　与式＝$\frac{1}{2}\times(1-\frac{1}{3})+\frac{1}{3\times5}+\frac{1}{5\times7}+\frac{1}{7\times9}=\frac{1}{2}\times(1-\frac{1}{3})+\frac{1}{2}\times(\frac{1}{3}-\frac{1}{5})+\frac{1}{2}\times(\frac{1}{5}-\frac{1}{7})+\frac{1}{2}\times(\frac{1}{7}-\frac{1}{9})=$
$\frac{1}{2}\times(1-\frac{1}{3}+\frac{1}{3}-\frac{1}{5}+\frac{1}{5}-\frac{1}{7}+\frac{1}{7}-\frac{1}{9})=\frac{1}{2}\times(1-\frac{1}{9})=\frac{1}{2}\times\frac{8}{9}=\frac{4}{9}$

(5)　「＝」の左側の分母を a とすると，$\frac{1+2+3+\frac{5}{4}}{a}=\frac{34}{12}$より，$\frac{\frac{29}{4}}{a}=\frac{17}{6}$　　$\frac{29}{4}=\frac{17}{6}\times a$　　$a=\frac{29}{4}\div\frac{17}{6}=\frac{87}{34}$
$\frac{\square+\frac{5}{3}}{1+\frac{2}{3}}-1=\frac{87}{34}$より，$\frac{\square+\frac{5}{3}}{\frac{5}{3}}=\frac{87}{34}+1$　　$\square+\frac{5}{3}=(\frac{87}{34}+1)\times\frac{5}{3}$　　$\square=\frac{87}{34}\times\frac{5}{3}+\frac{5}{3}-\frac{5}{3}=\frac{145}{34}=4\frac{9}{34}$

2　(1)　**【解き方】一番左の列の数は上から，１，４＝２×２，９＝３×３，…となっているので，上からＮマス目，左から１マス目の数は，Ｎ×Ｎとなる。また，その次の数は，上から１マス目，左から（Ｎ＋１）マス目に現れる。**
上から 25 マス目，左から１マス目の数は，25×25＝625 だから，上から１マス目，左から 26 マス目の数は 626 である。よって，上から 23 マス目，左から 26 マス目の数は，626＋23－１＝648

(2)　**【解き方】22 日は１日の 22－１＝21(日後)，つまり，３週間後だから，その月の１日と 22 日の曜日は同じである。よって，各月の１日の曜日を考えればよい。**
１月は 31 日あるので，31÷７＝４余り３より，２月１日の曜日は土曜日の３つあとの火曜日である。
同様にして，28÷７＝４，30÷７＝４余り２，31÷７＝４余り３より，
各月の１日の曜日をまとめると，右表のようになる。

月	1	2	3	4	5	6	7	8	9	10	11	12
曜日	土	火	火	金	日	水	金	月	木	土	火	木

よって，22 日(１日)が木曜日となる月は，９月と 12 月である。

(3)　**【解き方】切り口部分の面積は同じだから，切り口の面積を除いた表面積の差を考える。**
真上から見た図について，右のように作図する。

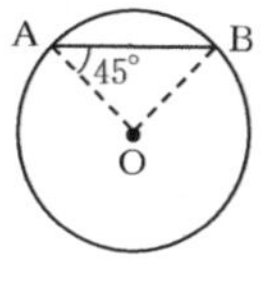

切り分けた２つの立体のうち，小さい方をＸ，大きい方をＹとする。
ＯＡ＝ＯＢ＝２cmだから，三角形ＯＡＢは直角二等辺三角形である。
小さいおうぎ形ＯＡＢの面積は$2\times2\times3.14\times\frac{90^\circ}{360^\circ}=3.14$(cm²)，三角形ＯＡＢの面積は２×２÷２＝２(cm²)
だから，Ｘの底面積は，3.14－２＝1.14(cm²)
円Ｏの面積は２×２×3.14＝12.56(cm²)だから，Ｙの底面積は，12.56－1.14＝11.42(cm²)
小さいおうぎ形ＯＡＢの曲線部分の長さは$2\times2\times3.14\times\frac{90^\circ}{360^\circ}=3.14$(cm)だから，Ｘの切り口を除く側面積は，
3.14×１＝3.14(cm²)
大きいおうぎ形ＯＡＢの曲線部分の長さは$2\times2\times3.14\times\frac{270^\circ}{360^\circ}=3\times3.14$(cm)だから，Ｙの切り口を除く側面積は，３×3.14×１＝３×3.14(cm²)
よって，表面積の差は，(11.42×２＋３×3.14)－(1.14×２＋3.14)＝(11.42－1.14)×２＋(３－１)×3.14＝
20.56＋6.28＝26.84(cm²)

(4)　**【解き方】例えば，12 の約数の個数は，１と 12，２と６，３と４の６個である。このように，約数はふつう**

ペアで現れるので，個数は偶数《ぐうすう》個となる。しかし，16 の約数は 1 と 16，2 と 8，4 となるように，ある数を 2 回かけてできる数(平方数《へいほうすう》)の約数の個数は，奇数個となる。

44×44＝1936，45×45＝2025 より，1 から 2022 までの整数で最大の平方数は，1936 である。

よって，1 から 2022 までの整数のうち，平方数は 44 個，平方数でない数は 2022－44＝1978(個)あるので，

与式＝0×44＋1×1978＝1978

(5)　**【解き方】できる立体は右図のようになる。**

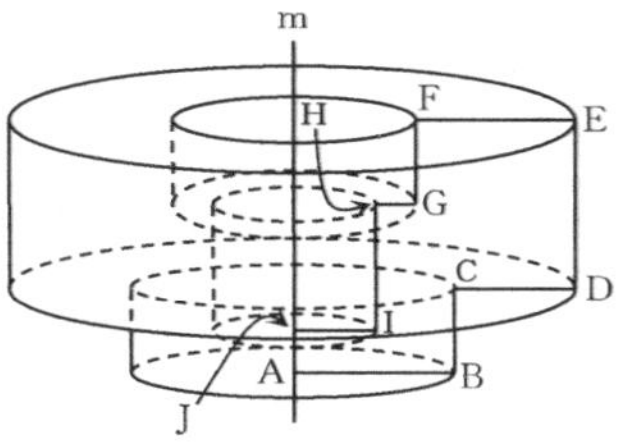

底面の半径が 4＋3＝7(㎝)で高さがＤＥ＝4㎝の円柱と底面の半径がＡＢ＝4㎝で高さがＢＣ＝2㎝の円柱を合わせた立体の体積から，

底面の半径が 7－4＝3(㎝)で高さがＦＧ＝2㎝の円柱と底面の半径が 7－4－1＝2(㎝)で高さがＨＩ＝3㎝の円柱を合わせた立体の体積をひけばよいので，(7×7×3.14×4＋4×4×3.14×2)－(3×3×3.14×2＋2×2×3.14×3)＝

(196＋32－18－12)×3.14＝198×3.14＝621.72(㎤)

(6)　**【解き方】2 つの角が等しい三角形は二等辺三角形であることを利用する。**

平行線の同位角は等しいから，○＝●＋●＝20°＋20°＝40°

平行線の錯角は等しいから，角ＢＤＣ＝●＝20°，角ＢＡＣ＝○＝40°

よって，角ＤＢＣ＝角ＢＤＣ＝20°，角ＡＢＣ＝角ＢＡＣ＝40°より，三角形ＣＢＤはＣＢ＝ＣＤの二等辺三角形，

三角形ＣＢＡはＣＢ＝ＣＡの二等辺三角形である。よって，三角形ＣＡＤはＣＡ＝ＣＤの二等辺三角形なので，

角ＣＤＡ＝(180°－40°)÷2＝70°　　したがって，角ア＝70°－20°＝50°

(7)　**【解き方】今年の女子は昨年の人数の$\frac{7}{100}$だけ減少したから，女子の昨年の人数は 100 の倍数である。**

昨年の女子が 100 人のとき，女子は 100×$\frac{7}{100}$＝7(人)減少して，男子は(375－100)×$\frac{8}{100}$＝22(人)増加したから，

今年の新入生は昨年より，22－7＝15(人)増加した。これは条件に合う。

昨年の女子が 200 人のとき，女子は 200×$\frac{7}{100}$＝14(人)減少して，男子は(375－200)×$\frac{8}{100}$＝14(人)増加したから，

今年の新入生は昨年と同じ人数となり，条件に合わない。

昨年の女子を 300 人としても条件に合わないので，昨年の女子は 100 人である。

よって，今年の新入生は，375＋15＝390(人)

(8)　**【解き方】ＡＥ＝ＢＦ＝ＣＧ＝ＤＨ＝Ｘ㎝として，斜線《しゃせん》部分の面積から，Ｘの値《あたい》を求める。**

斜線部分は底辺をＣＧ＝Ｘ㎝とすると，高さがＢＦ＝Ｘ㎝となるので，Ｘ×Ｘ÷2＝72 より，Ｘ×Ｘ＝72×2＝144

144＝12×12 だから，Ｘ＝12 とわかる。

よって，正方形ＡＢＣＤの面積は 5×5＝25(㎠)，三角形ＢＣＦの面積は 5×12÷2＝30(㎠)だから，

正方形ＥＦＧＨの面積は，25＋30×4＋72×4＝433(㎠)

3　(1)　3 桁の偶数を作るとき，小さい位から順に数を選ぶとする。一の位の数の選び方は 2，4，6 の 3 通り，十の位の数の選び方は 1～7 のうち一の位の数を除く 6 通り，百の位の数の選び方は 1～7 のうち一と十の位の数を除く 5 通りあるから，偶数であるものは，3×6×5＝90(個)ある。

(2)　**【解き方】百の位の数から場合分けをして考える。**

百の位の数が 7 のとき，十の位，一の位の順で数を決めると，選び方はそれぞれ 6 通り，5 通りあるから，整数は全部で 6×5＝30(個)できる。同様に，百の位の数が 1～6 の場合も，整数は 30 個ずつできる。

百の位の数が 5，6，7 である整数は全部で 30×3＝90(個)ある。

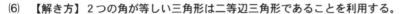

よって，百の位の数が４である整数のうち，100－90＝10(番目)に大きい数を考える。

47□となる数は５通り，46□となる数は５通りあるから，46□のうち一番小さい数を求めればよいので，求める数は461である。

⑶　⑵より，35□，36□，37□となる数は合わせて５×３＝15(個)ある。

百の位の数が４または５の数は合わせて30×２＝60(個)ある。

百の位の数が６の整数のうち，615未満の数は，612，613，614の３個ある。

したがって，求める個数は，15＋60＋３＝78(個)

⑷　**【解き方】和が３の倍数になるような３つの数の組み合わせをまず考える。**

和が３の倍数になるような３つの数の組み合わせは，（１，２，３)(１，２，６)(１，３，５)(１，４，７)(１，５，６)(２，３，４)(２，３，７)(２，４，６)(２，６，７)(３，４，５)(３，５，７)(４，５，６)(５，６，７)の13通りある。１通りの組み合わせごとに，整数は３×２×１＝６(個)できるから，求める個数は，６×13＝78(個)

4　⑴　Ｏと曲線ＡＢが重なった点をＯ′として，右のように作図する。

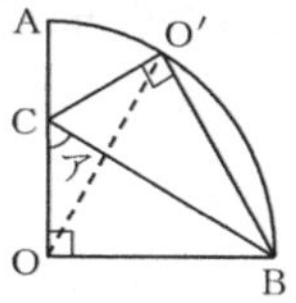

ＯＢ＝Ｏ′Ｂ＝ＯＯ′＝６㎝だから，三角形ＯＯ′Ｂは正三角形である。

よって，角ＯＢＣ＝角Ｏ′ＢＣ＝60°÷２＝30°

三角形ＯＢＣの内角の和より，角ア＝180°－90°－30°＝60°

⑵　**【解き方】右のように作図し，㋒と面積が等しいところを探す。**

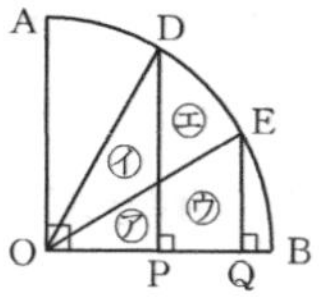

ＯＤ＝ＯＥであり，角ＤＯＢ＝$90°\times\frac{2}{3}=60°$，角ＥＯＢ＝$90°\times\frac{1}{3}=30°$，角ＯＥＱ＝180°－90°－30°＝60°であることから，三角形ＯＤＰと三角形ＥＯＱは合同だとわかる。

よって，㋐＋㋑＝㋐＋㋒だから，㋑＝㋒だとわかる。

したがって，㋓＋㋒＝㋓＋㋑だから，求める面積は，半径がＯＤ＝６㎝，中心角が角ＤＯＥ＝60°－30°＝30°のおうぎ形の面積に等しく，$6\times6\times3.14\times\frac{30°}{360°}=9.42$(㎠)

⑶　**【解き方】右のように作図する。斜線部分の面積は，**

(おうぎ形ＯＢＥの面積)－(三角形ＥＯＱの面積)で，色付き部分の面積は，

(おうぎ形ＯＳＤの面積)＋(三角形ＯＳＴの面積)－(三角形ＯＤＰの面積)で求められ，

三角形ＯＤＰとＥＯＱが合同だから，下線部の面積の差を求めればよい。

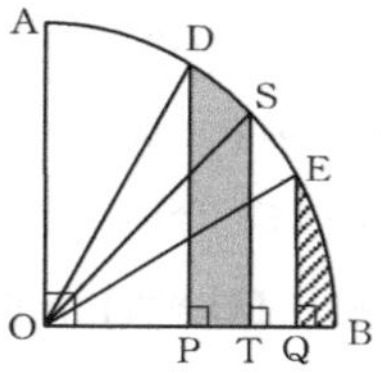

(おうぎ形ＯＢＥの面積)＝$6\times6\times3.14\times\frac{30°}{360°}=9.42$(㎠)

Ｓは曲線ＤＥの真ん中の点だから，(おうぎ形ＯＳＤの面積)＝(おうぎ形ＯＥＤの面積)÷２＝9.42÷２＝4.71(㎠)

ＳはＡＢの真ん中の点だから，三角形ＯＳＴはＯＳ＝６㎝でＴＯ＝ＴＳの直角二等辺三角形で，２つ合わせると対角線の長さが６㎝の正方形になるので，三角形ＯＳＴの面積は，(６×６÷２)÷２＝９(㎠)

よって，求める面積の差は，(4.71＋９)－9.42＝4.29(㎠)

5　⑴　**【解き方】ＯＢ＝１として，太線の長さとＰがＡまで動いたときの進んだ距離《きょり》をそれぞれ求める。**

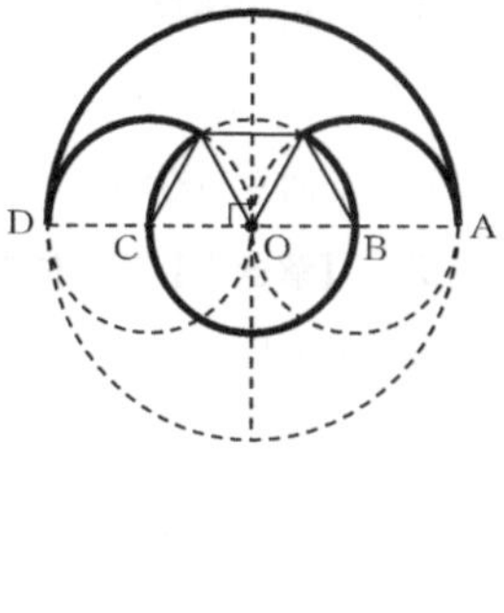

ＯＡ＝ＯＢ×２＝１×２＝２だから，太線の長さは，

$1\times2\times3.14\times\frac{360°-60°}{360°}+1\times2\times3.14\times\frac{180°-60°}{360°}\times2+2\times2\times3.14\times\frac{180°}{360°}=$

$(\frac{5}{3}+\frac{4}{3}+2)\times3.14=5\times3.14$

ＰがＡまで動いたときの進んだ距離は，$2\times2\times3.14\times\frac{90°}{360°}=3.14$

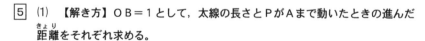

Pは，1時間＝60分で5×3.14だけ進むのだから，求める時間は，$60\times\frac{3.14}{5\times3.14}=12$(分後)

(2)　**【解き方】(1)をふまえ，PとQが1分間でどれだけ進むのかに注目する。**

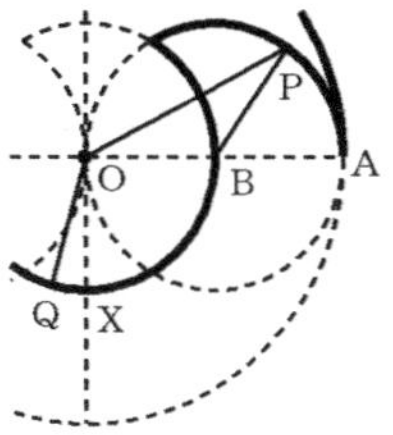

16÷5＝3余り1より，6時16分のとき，Pは点3と点4の間，Qは点6と点7の間にあるので，右のように作図できる。

Pは，1分間で$5\times3.14\div60=\frac{1}{12}\times3.14$進むので，半径が1の円周上にあるときは，1分間で円周の$\frac{1}{12}\times3.14\div(2\times1\times3.14)=\frac{1}{24}$進むから，円の中心から見て，$360°\times\frac{1}{24}=15°$進む。PはAから16－12＝4(分)進んだ位置にいるので，角ABP＝15°×4＝60°

角OBP＝180°－60°＝120°，BO＝BPより，角POB＝(180°－120°)÷2＝30°

Qは，Pの速さの$\frac{1}{12}$だから，半径が1の円周上にあるときは，1分間で円の中心から見て$15°\times\frac{1}{12}=\frac{5}{4}°$進む。

よって，角XOQ＝$\frac{5}{4}°\times16=20°$だから，求める角度は，30°＋90°＋20°＝140°

(3)　**【解き方】6時30分のとき，Pは点6，Qは点6と点7の間の位置にあるから，PとO，QとOを結んでできる小さい方の角が65°になるとき，Pは点4から点6の間の位置にいることがわかる。**

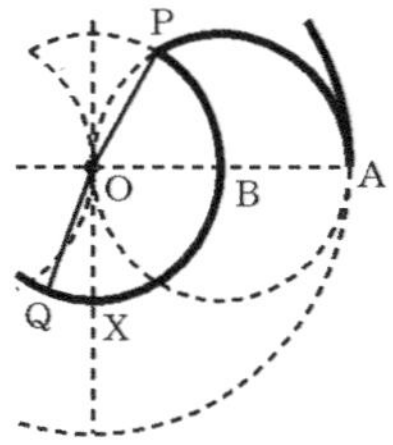

右図のようにPが点4の位置にあるときは6時20分であり，このとき，Qは角XOQ＝$\frac{5}{4}°\times20=25°$の位置にある。三角形OBPは正三角形なので，Bを含《ふく》む角POQの大きさは，60°＋90°＋25°＝175°となる。ここから，この角度は1分間ごとに$15°-\frac{5}{4}°=\frac{55}{4}°$小さくなる。あと175°－65°＝110°小さくなればよいので，求める時間は，6時20分から$110°\div\frac{55}{4}°=8$(分後)の，6時28分である。

(4)　**【解き方】Qは常に点6と点7の間にあるので，Pのいる位置で場合わけをして考える。**

以下，PとO，OとQを結んでできる小さい方の角を角POQと表す。

Pが点12を出発するときは角POQ＝180°，PがA上にあるときは6時から12分後なので，角POQ＝$90°+\frac{5}{4}°\times12=105°$　　よって，Pが点12からAに移動するまでに，角POQ＝120°に1回なる。

Pが点4上にあるときは角POQ＝175°なので，PがAから点4に移動するまでに，角POQ＝120°に1回なる。

Pが点4上にあるときから，PとQが同じ位置になるまでに，角POQ＝120°に1回なる。

Pが点8上にあるときは6時から40分後なので，このとき角XOQ＝$\frac{5}{4}°\times40=50°$となるから，角POQ＝90°＋60°－50°＝100°である。よって，PとQが同じ位置になってから，Pが点8に移動するまでに，角POQ＝120°になることはない。

Pが点8からDに移動するまでに，角POQは一定の割合で小さくなるので，角POQ＝120°になることはない。

Pが点12上に到着したとき(7時)，角XOQ＝$\frac{5}{4}°\times60=75°$だから，角POQ＝180°－75°＝105°

よって，PがDから点12に移動するまでに，角POQ＝120°になることはない。

したがって，角POQ＝120°になるのは，3回ある。

《2022　第3回　理科　解説》

1　**問1**　こん虫の6本のあしはすべてむねについている。また，呼吸のための空気の出入り口(気門)ははらにある。

問3　ノミと同じときに分かれているハエを選べばよい。

問4　③×…ハエとノミに分かれる前の生物は，ハチの祖先と分かれた後，さらに長い時間をかけて進化することで，ハエの祖先とノミの祖先に分かれた。

問5　図2より，矢印1が指す物質Aはハエでは変化しておらず，トンボでは変化している。また，矢印2が指す

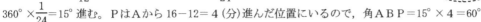

物質Aはハエでは変化していて，トンボでは変化していない。つまり，ハエとトンボでそれぞれ1か所ずつ変化が起こると全部で2か所に違《ちが》いが生じるので，全部で80か所に違いが見つかった場合，ハエとトンボでそれぞれ80÷2＝40(か所)ずつ変化が起こったと考えられる。よって，4億÷40＝1000万(年)で1か所に変化が起こったことになる。また，2つの生物に50か所の違いが見つかった場合，それぞれの生物で50÷2＝25(か所)ずつ変化が起こったから，25か所の変化が起こるのにかかる時間は1000万×25＝2億5000万(年)である。

問6　アニメで使われている進化は，昆虫《こんちゅう》などで見られる変態に近い。

2　問1　酸性の塩酸とアルカリ性の水酸化ナトリウム水よう液を混ぜ合わせると，たがいの性質を打ち消し合う中和が起こり，2つの水よう液が過不足なく反応した場合には中性の食塩水になる。また，BTB液は，酸性で黄色，中性で緑色，アルカリ性で青色に変化するから，塩酸と水酸化ナトリウム水よう液の体積比が1：1のCのときに中性になっている(体積比1：1で過不足なく反応する)ことがわかる。よって，AとBでは水酸化ナトリウム水よう液が残るからBTB液の色は青色に変化し，DとEでは塩酸が残るからBTB液の色は黄色に変化する。

問2　問1解説より，AとBでは水酸化ナトリウム水よう液が残っているから，水を蒸発させると，中和によってできた食塩と残った水酸化ナトリウム水よう液に溶《と》けていた水酸化ナトリウムが固体となって出てくる。なお，食塩水になったCでは食塩だけ，塩酸が残っているDとEでも食塩だけが固体となって出てくる(塩酸にとけているのは気体の塩化水素だから，水を蒸発させても固体となって出てこない)。

問3　①と④はどちらも物質が酸素と結びつく反応であり，このとき熱が発生する。これに対し，②では摩擦によって発熱し，③では汗(水)が蒸発して気体に変化するときにまわりから熱をうばっていくことで温度が下がり，⑤では水の粒子《りゅうし》(分子)が激しく振動《しんどう》することで発熱する。

問4　Aでは，30＋70＝100(㎤)→100gの水よう液の温度が8.4℃上昇《じょうしょう》した。水よう液1gの温度を1℃上昇させるのに必要な熱量が1calだから，水よう液100gを8.4℃上昇させる熱量は1×100×8.4＝840(cal)である。

問5　表1で，AとE，BとDの上がった温度がそれぞれ同じであることと，AからCで温度が2.8℃ずつ上がっていくことから，混ぜた後の体積が100㎤で一定のとき，上がった温度は反応した塩酸(または水酸化ナトリウム水よう液)の体積に比例すると考えられる。よって，45㎤の水酸化ナトリウム水よう液と55㎤の塩酸を混ぜると，水酸化ナトリウム水よう液45㎤が反応するので，上がった温度はCとDのちょうど真ん中の$\frac{14+11.2}{2}$＝12.6(℃)になる。

問6(a)　ここでは水酸化ナトリウム水よう液60㎤が反応する。問4より，30㎤の塩酸が反応したときに発生した熱量が840calだから，60㎤の水酸化ナトリウム水よう液が反応したときに発生した熱量は840calの2倍の1680calである。　(b)　発生した熱量が同じとき，上昇温度は混ぜた後の水よう液の重さに反比例する。(a)解説より，混ぜた後の重さが100gであれば，1680calの熱量で8.4℃の2倍の16.8℃上昇するので，混ぜた後の重さが60＋80＝140(㎤)→140gであれば，16.8×$\frac{100}{140}$＝12(℃)上昇する。

問7　実験で用いた水酸化ナトリウム水よう液の濃度《のうど》は8％だから，実験1のCで反応した水酸化ナトリウム水よう液50㎤→50gには50×0.08＝4(g)の水酸化ナトリウムが溶けている。つまり，塩酸50㎤と固体の水酸化ナトリウム4gが過不足なく反応すると考えればよい。よって，96㎤の塩酸に固体の水酸化ナトリウム4gを溶かしたときには，塩酸50㎤と固体の水酸化ナトリウム4gが反応してCのときと同じ熱量が発生するから，中和によって温度が14℃上昇する。さらに，実験2より，固体の水酸化ナトリウム4gが塩酸に含まれる水に溶けることで温度が11℃上昇するので，合計で14＋11＝25(℃)上昇したと考えられる。

問8　上昇温度は，反応した塩酸(または水酸化ナトリウム水よう液)の体積に比例し，混ぜた後の水よう液の重さに反比例するから，ここでは〔$\frac{\text{反応した塩酸の体積(㎤)}}{\text{混ぜた後の水よう液の体積(㎤)}}$〕の値が大きいものほど，混ぜた後の水よう液の温度が高くなると考えればよい。例えばFでは，水酸化ナトリウム水よう液が10㎤しかないので，反応した塩酸も10㎤であり，混ぜた後の水よう液の体積は30＋10＝40(㎤)になる。よって，$\frac{10}{40}$＝0.25となる。同様に考えて，Gは$\frac{20}{50}$＝0.4，Hは$\frac{30}{60}$＝0.5，Iは$\frac{30}{70}$＝0.42…，Jは$\frac{30}{80}$＝0.375だから，温度が高いものから順番に，H＞I＞G＞J＞Fとなる。

3 **問1**　３つの点のうち，どの点が他の２つの点の間にあるかを考えると，てこの種類を３つに分類することができる。間にある点は，プルタブと③と④では支点，①と②と⑤では力点である。なお，作用点が支点と力点の間にあるてこには，せんぬきなどがある。

問2　ア～ウ．重心は筒《つつ》の重さ900ｇがすべてかかっていると考えられる点である。一様な太さの筒の重心は，筒の中心にある。これは筒の左はしから90÷２＝45(㎝)の位置だから，Oからは左に５㎝の位置である。　エ．筒を回転させるはたらき〔おもりの重さ(ｇ)×支点からの距離《きょり》(㎝)〕が時計回りと反時計回りで等しいとき，筒は水平になる。筒の重さが筒を反時計回りに回転させるはたらきは900×５＝4500だから，Oから50㎝の位置につけたばねばかりが筒を時計回りに回転させるはたらきも4500になればよい。これは，ばねばかりの目盛りが4500÷50＝90(ｇ)を示すときである。　オ，カ．AOの長さは50㎝だから，重心はOから左に50÷２＝25(㎝)の位置にある。また，筒の重さは筒の長さに比例するから，90㎝の重さが900ｇであれば，50㎝の重さは500ｇである。

キ，ク．OBの長さは90－50＝40(㎝)だから，重心はOから右に40÷２＝20(㎝)の位置にある。また，重さは900－500＝400(ｇ)である。

問3　問２解説より，筒の重さが筒を反時計回りに回転させるはたらきは4500だから，Oから右に20㎝のCにつけたおもりが筒を時計回りに回転させるはたらきも4500になれば，ばねばかりの目盛りは０を示す。よって，Cにつけたおもりの重さは4500÷20＝225(ｇ)である。

問4　ねんどの重心はOから右に20÷２＝10(㎝)にあるから，筒を時計回りに回転させるはたらきが4500になるのは，ねんどの重さが4500÷10＝450(ｇ)のときである。このねんどの体積は10《断面積》×20《高さ》＝200(㎤)だから，密度(体積１㎤あたりの重さ)は450÷200＝2.25(ｇ/㎤)である。

問5　１秒間に10㎤ずつ水を注ぐということは，水の重さが１秒間に10ｇずつ大きくなっていき，(水平になった場合で考えて)水面が１秒間に10《体積》÷10《断面積》＝１(㎝)ずつOから右に移動していくということである。x秒後には，水の重さは(10×x)ｇになり，水面はOから右にx㎝の位置にあるから重心はOから右に(x÷２)㎝の位置にある。x秒後の水が筒を時計回りに回転させるはたらきは(10×x)×(x÷２)＝５×x×xであり，これが4500になるまでは図４の状態が保たれる。よって，５×x×x＝4500より，x×x＝900となり，x＝30(秒後)まで筒は回転せず，30秒を過ぎた瞬間《しゅんかん》に回転する。

問6　図５－２より，50秒間でたまった10×50＝500(㎤)→500ｇの水が筒を時計回りに回転させるはたらきと，筒の重さ(2500ｇ)が筒を反時計回りに回転させるはたらきが等しくなるとわかる。500ｇの水の重心は支点から右に50÷２＝25(㎝)の位置にあるから，筒を時計回りに回転させるはたらきは500×25＝12500である。よって，筒の重心は支点から左に12500÷2500＝５(㎝)の位置にあるから，L＝250÷２＋５＝130(㎝)となる。

4 **問1**　太陽のように自ら光を出している天体をこう星，地球のようにこう星の周りを公転し，一定の条件を満たす天体をわく星という。太陽系には，水星，金星，地球，火星，木星，土星，天王星，海王星の８つのわく星がある。

問2　(a)月が地球の周りを１周する時間は約30日，地球が月の周りを１周する時間は約365日である。　(b)太陽の大きさは月の大きさの約400倍だが，地球から太陽までの距離が地球から月までの距離の約400倍であるため，地球から見た太陽と月の大きさはほぼ等しい。　(c)地球の半径は約6400km，太陽の半径は約70万kmである。

問3　地球が太陽の周りを公転するときにできる面に対して地軸《ちじく》が垂直になった場合，現在の春分や秋分が１年中続くことになる。

問4　地軸のかたむき方と公転の向きより，図１の最も左にあるのが夏至の地球であり，そこから反時計回りに90度ずつ公転した位置に秋分→冬至→春分の地球がある。よって，冬至と春分のちょうど真ん中の位置にある(③と④にはさまれている)のが立春の地球であり，節分は立春の前日だから，公転の向きより④の位置である。

問5　365日より0.242日長い。0.242日は，24×0.242＝5.808→5.8時間である。

問6　同じ位置にたどり着くのに365日と5.8時間かかるから，２月３日午前０時の約６時間後である。

問7　１年で約６時間おそくなるから，４年で約６×４＝24(時間)→１日おそくなる。このずれを修正するために，４年に１度，１年を365日より１日多くしている。ただし，これは5.808時間を約６時間として計算しているので，６－5.808＝0.192(時間)→11.52分修正しすぎている。よって，修正しすぎた時間は４年で11.52×４＝46.08→46分になる。ここでは，ずれをできるだけ正確に修正するために5.805時間で計算した。これを問５で求めた5.8時間で計算すると，48分になる。

問8　１日は60×24＝1440(分)だから，46.08分のずれが１日分になるのは，うるう年が1440÷46.08＝31.25(回)きたときである。よって，４×31.25＝125(年)に１回うるう年を減らせば，ずれをより正確に調整することができる。問７を48分とした場合には，120年になる。

■ ご使用にあたってのお願い・ご注意

（1）問題文等の非掲載

著作権上の都合により，問題文や図表などの一部を掲載できない場合があります。

誠に申し訳ございませんが，ご了承くださいますようお願いいたします。

（2）過去問における時事性

過去問題集は，学習指導要領の改訂や社会状況の変化，新たな発見などにより，現在とは異なる表記や解説になっている場合があります。過去問の特性上，出題当時のままで出版していますので，あらかじめご了承ください。

（3）配点

学校等から配点が公表されている場合は，記載しています。公表されていない場合は，記載していません。

独自の予想配点は，出題者の意図と異なる場合があり，お客様が学習するうえで誤った判断をしてしまう恐れがあるため記載していません。

（4）無断複製等の禁止

購入された個人のお客様が，ご家庭でご自身またはご家族の学習のためにコピーをすることは可能ですが，それ以外の目的でコピー，スキャン，転載（ブログ，ＳＮＳなどでの公開を含みます）などをすることは法律により禁止されています。学校や学習塾などで，児童生徒のためにコピーをして使用することも法律により禁止されています。

ご不明な点や，違法な疑いのある行為を確認された場合は，弊社までご連絡ください。

（5）けがに注意

この問題集は針を外して使用します。針を外すときは，けがをしないように注意してください。また，表紙カバーや問題用紙の端で手指を傷つけないように十分注意してください。

（6）正誤

制作には万全を期しておりますが，万が一誤りなどがございましたら，弊社までご連絡ください。

なお，誤りが判明した場合は，弊社ウェブサイトの「ご購入者様のページ」に掲載しておりますので，そちらもご確認ください。

■ お問い合わせ

解答例，解説，印刷，製本など，問題集発行におけるすべての責任は弊社にあります。

ご不明な点がございましたら，弊社ウェブサイトの「お問い合わせ」フォームよりご連絡ください。迅速に対応いたしますが，営業日の都合で回答に数日を要する場合があります。

ご入力いただいたメールアドレス宛に自動返信メールをお送りしています。自動返信メールが届かない場合は，「よくある質問」の「メールの問い合わせに対し返信がありません。」の項目をご確認ください。

また弊社営業日（平日）は，午前９時から午後５時まで，電話でのお問い合わせも受け付けています。

2025 春

株式会社教英出版
〒422-8054　静岡県静岡市駿河区南安倍３丁目 12-28
TEL　054-288-2131　　FAX　054-288-2133
URL　https://kyoei-syuppan.net/
MAIL siteform@kyoei-syuppan.net

教英出版　2025年春受験用　中学入試問題集

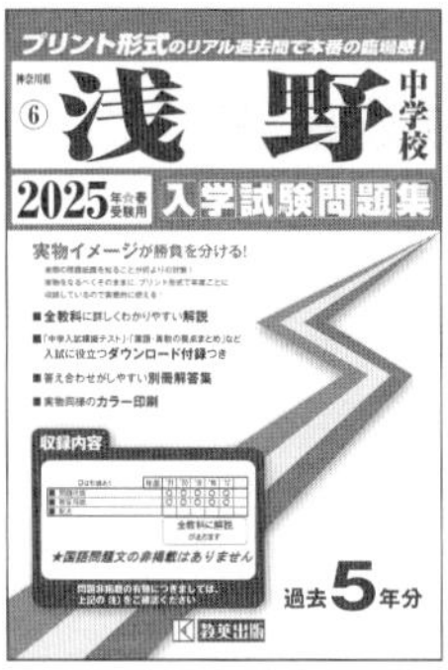

学校別問題集

✿はカラー問題対応

北海道

①[市立]札幌開成中等教育学校
②藤女子中学校
③北嶺中学校
④北星学園女子中学校
⑤札幌大谷中学校
⑥札幌光星中学校
⑦立命館慶祥中学校
⑧函館ラ·サール中学校

青森県

①[県立]三本木高等学校附属中学校

岩手県

①[県立]一関第一高等学校附属中学校

宮城県

①[県立]宮城県古川黎明中学校
②[県立]宮城県仙台二華中学校
③[市立]仙台青陵中等教育学校
④東北学院中学校
⑤仙台白百合学園中学校
⑥聖ウルスラ学院英智中学校
⑦宮城学院中学校
⑧秀光中学校
⑨古川学園中学校

秋田県

①[県立]
大館国際情報学院中学校
秋田南高等学校中等部
横手清陵学院中学校

山形県

①[県立]
東桜学館中学校
致道館中学校

福島県

①[県立]
会津学鳳中学校
ふたば未来学園中学校

茨城県

①[県立]
日立第一高等学校附属中学校
太田第一高等学校附属中学校
水戸第一高等学校附属中学校
鉾田第一高等学校附属中学校
鹿島高等学校附属中学校
土浦第一高等学校附属中学校
竜ヶ崎第一高等学校附属中学校
下館第一高等学校附属中学校
下妻第一高等学校附属中学校
水海道第一高等学校附属中学校
勝田中等教育学校
並木中等教育学校
古河中等教育学校

栃木県

①[県立]
宇都宮東高等学校附属中学校
佐野高等学校附属中学校
矢板東高等学校附属中学校

群馬県

①
[県立]中央中等教育学校
[市立]四ツ葉学園中等教育学校
[市立]太田中学校

埼玉県

①[県立]伊奈学園中学校
②[市立]浦和中学校
③[市立]大宮国際中等教育学校
④[市立]川口市立高等学校附属中学校

千葉県

①[県立]
千葉中学校
東葛飾中学校
②[市立]稲毛国際中等教育学校

東京都

①[国立]筑波大学附属駒場中学校
②[都立]白鷗高等学校附属中学校
③[都立]桜修館中等教育学校
④[都立]小石川中等教育学校
⑤[都立]両国高等学校附属中学校
⑥[都立]立川国際中等教育学校
⑦[都立]武蔵高等学校附属中学校
⑧[都立]大泉高等学校附属中学校
⑨[都立]富士高等学校附属中学校
⑩[都立]三鷹中等教育学校
⑪[都立]南多摩中等教育学校
⑫[区立]九段中等教育学校
⑬開成中学校
⑭麻布中学校
⑮桜蔭中学校
⑯女子学院中学校
✿⑰豊島岡女子学園中学校
⑱東京都市大学等々力中学校
⑲世田谷学園中学校
✿⑳広尾学園中学校(第2回)
✿㉑広尾学園中学校(医進·サイエンス回)
㉒渋谷教育学園渋谷中学校(第1回)
㉓渋谷教育学園渋谷中学校(第2回)
㉔東京農業大学第一高等学校中等部
(2月1日 午後)
㉕東京農業大学第一高等学校中等部
(2月2日 午後)

神奈川県

①[県立] 相模原中等教育学校
　　　　平塚中等教育学校
②[市立]南高等学校附属中学校
③[市立]横浜サイエンスフロンティア高等学校附属中学校
④[市立]川崎高等学校附属中学校
✿⑤聖光学院中学校
✿⑥浅野中学校
⑦洗足学園中学校
⑧法政大学第二中学校
⑨逗子開成中学校(1次)
⑩逗子開成中学校(2·3次)
⑪神奈川大学附属中学校(第1回)
⑫神奈川大学附属中学校(第2·3回)
⑬栄光学園中学校
⑭フェリス女学院中学校

新潟県

①[県立] 村上中等教育学校
　　　　柏崎翔洋中等教育学校
　　　　燕中等教育学校
　　　　津南中等教育学校
　　　　直江津中等教育学校
　　　　佐渡中等教育学校
②[市立]高志中等教育学校
③新潟第一中学校
④新潟明訓中学校

石川県

①[県立]金沢錦丘中学校
②星稜中学校

福井県

①[県立]高志中学校

山梨県

①山梨英和中学校
②山梨学院中学校
③駿台甲府中学校

長野県

①[県立] 屋代高等学校附属中学校
　　　　諏訪清陵高等学校附属中学校
②[市立]長野中学校

岐阜県

①岐阜東中学校
②鶯谷中学校
③岐阜聖徳学園大学附属中学校

静岡県

①[国立] 静岡大学教育学部附属中学校
　　　　(静岡·島田·浜松)
② [県立]清水南高等学校中等部
　 [県立]浜松西高等学校中等部
　 [市立]沼津高等学校中等部
③不二聖心女子学院中学校
④日本大学三島中学校
⑤加藤学園暁秀中学校
⑥星陵中学校
⑦東海大学付属静岡翔洋高等学校中等部
⑧静岡サレジオ中学校
⑨静岡英和女学院中学校
⑩静岡雙葉中学校
⑪静岡聖光学院中学校
⑫静岡学園中学校
⑬静岡大成中学校
⑭城南静岡中学校
⑮静岡北中学校
⑯ 常葉大学附属常葉中学校
　 常葉大学附属橘中学校
　 常葉大学附属菊川中学校
⑰藤枝明誠中学校
⑱浜松開誠館中学校
⑲静岡県西遠女子学園中学校
⑳浜松日体中学校
㉑浜松学芸中学校

愛知県

①[国立]愛知教育大学附属名古屋中学校
②愛知淑徳中学校
③ 名古屋経済大学市邨中学校
　 名古屋経済大学高蔵中学校
④金城学院中学校
⑤椙山女学園中学校
⑥東海中学校
⑦南山中学校男子部
⑧南山中学校女子部
⑨聖霊中学校
⑩滝中学校
⑪名古屋中学校
⑫大成中学校
⑬愛知中学校
⑭星城中学校
⑮名古屋葵大学中学校
(名古屋女子大学中学校)
⑯愛知工業大学名電中学校
⑰海陽中等教育学校(特別給費生)
⑱海陽中等教育学校(I·II)
⑲中部大学春日丘中学校
新刊⑳名古屋国際中学校

三重県

①[国立]三重大学教育学部附属中学校
②暁中学校
③海星中学校
④四日市メリノール学院中学校
⑤高田中学校
⑥セントヨゼフ女子学園中学校
⑦三重中学校
⑧皇學館中学校
⑨鈴鹿中等教育学校
⑩津田学園中学校

滋賀県

①[国立]滋賀大学教育学部附属中学校
②[県立] 河瀬中学校
　　　　守山中学校
　　　　水口東中学校

京都府

①[国立]京都教育大学附属桃山中学校
②[府立]洛北高等学校附属中学校
③[府立]園部高等学校附属中学校
④[府立]福知山高等学校附属中学校
⑤[府立]南陽高等学校附属中学校
⑥[市立]西京高等学校附属中学校
⑦同志社中学校
⑧洛星中学校
⑨洛南高等学校附属中学校
⑩立命館中学校
⑪同志社国際中学校
⑫同志社女子中学校(前期日程)
⑬同志社女子中学校(後期日程)

大阪府

①[国立]大阪教育大学附属天王寺中学校
②[国立]大阪教育大学附属平野中学校
③[国立]大阪教育大学附属池田中学校

④[府立]富田林中学校
⑤[府立]咲くやこの花中学校
⑥[府立]水都国際中学校
⑦清風中学校
⑧高槻中学校（A日程）
⑨高槻中学校（B日程）
⑩明星中学校
⑪大阪女学院中学校
⑫大谷中学校
⑬四天王寺中学校
⑭帝塚山学院中学校
⑮大阪国際中学校
⑯大阪桐蔭中学校
⑰開明中学校
⑱関西大学第一中学校
⑲近畿大学附属中学校
⑳金蘭千里中学校
㉑金光八尾中学校
㉒清風南海中学校
㉓帝塚山学院泉ヶ丘中学校
㉔同志社香里中学校
㉕初芝立命館中学校
㉖関西大学中等部
㉗大阪星光学院中学校

兵庫県

①[国立]神戸大学附属中等教育学校
②[県立]兵庫県立大学附属中学校
③雲雀丘学園中学校
④関西学院中学部
⑤神戸女学院中学部
⑥甲陽学院中学校
⑦甲南中学校
⑧甲南女子中学校
⑨灘中学校
⑩親和中学校
⑪神戸海星女子学院中学校
⑫滝川中学校
⑬啓明学院中学校
⑭三田学園中学校
⑮淳心学院中学校
⑯仁川学院中学校
⑰六甲学院中学校
⑱須磨学園中学校(第1回入試)
⑲須磨学園中学校(第2回入試)
⑳須磨学園中学校(第3回入試)
㉑白陵中学校
㉒夙川中学校

奈良県

①[国立]奈良女子大学附属中等教育学校
②[国立]奈良教育大学附属中学校
③[県立]
国際中学校
青翔中学校
④[市立]一条高等学校附属中学校
⑤帝塚山中学校
⑥東大寺学園中学校
⑦奈良学園中学校
⑧西大和学園中学校

和歌山県

①[県立]
古佐田丘中学校
向陽中学校
桐蔭中学校
日高高等学校附属中学校
田辺中学校
②智辯学園和歌山中学校
③近畿大学附属和歌山中学校
④開智中学校

岡山県

①[県立]岡山操山中学校
②[県立]倉敷天城中学校
③[県立]岡山大安寺中等教育学校
④[県立]津山中学校
⑤岡山中学校
⑥清心中学校
⑦岡山白陵中学校
⑧金光学園中学校
⑨就実中学校
⑩岡山理科大学附属中学校
⑪山陽学園中学校

広島県

①[国立]広島大学附属中学校
②[国立]広島大学附属福山中学校
③[県立]広島中学校
④[県立]三次中学校
⑤[県立]広島叡智学園中学校
⑥[市立]広島中等教育学校
⑦[市立]福山中学校
⑧広島学院中学校
⑨広島女学院中学校
⑩修道中学校
⑪崇徳中学校
⑫比治山女子中学校
⑬福山暁の星女子中学校
⑭安田女子中学校
⑮広島なぎさ中学校
⑯広島城北中学校
⑰近畿大学附属広島中学校福山校
⑱盈進中学校
⑲如水館中学校
⑳ノートルダム清心中学校
㉑銀河学院中学校
㉒近畿大学附属広島中学校東広島校
㉓AICJ中学校
㉔広島国際学院中学校
㉕広島修道大学ひろしま協創中学校

山口県

①[県立]
下関中等教育学校
高森みどり中学校
②野田学園中学校

徳島県

①[県立]
富岡東中学校
川島中学校
城ノ内中等教育学校
②徳島文理中学校

香川県

①大手前丸亀中学校
②香川誠陵中学校

愛媛県

①[県立]
今治東中等教育学校
松山西中等教育学校
②愛光中学校
③済美平成中等教育学校
④新田青雲中等教育学校

高知県

①[県立]
安芸中学校
高知国際中学校
中村中学校

福岡県

①[国立]福岡教育大学附属中学校（福岡·小倉·久留米）

②[県立]
- 育徳館中学校
- 門司学園中学校
- 宗像中学校
- 嘉穂高等学校附属中学校
- 輝翔館中等教育学校

③西南学院中学校
④上智福岡中学校
⑤福岡女学院中学校
⑥福岡雙葉中学校
⑦照曜館中学校
⑧筑紫女学園中学校
⑨敬愛中学校
⑩久留米大学附設中学校
⑪飯塚日新館中学校
⑫明治学園中学校
⑬小倉日新館中学校
⑭久留米信愛中学校
⑮中村学園女子中学校
⑯福岡大学附属大濠中学校
⑰筑陽学園中学校
⑱九州国際大学付属中学校
⑲博多女子中学校
⑳東福岡自彊館中学校
㉑八女学院中学校

佐賀県

①[県立]
- 香楠中学校
- 致遠館中学校
- 唐津東中学校
- 武雄青陵中学校

②弘学館中学校
③東明館中学校
④佐賀清和中学校
⑤成穎中学校
⑥早稲田佐賀中学校

長崎県

①[県立]
- 長崎東中学校
- 佐世保北中学校
- 諫早高等学校附属中学校

②青雲中学校
③長崎南山中学校
④長崎日本大学中学校
⑤海星中学校

熊本県

①[県立]
- 玉名高等学校附属中学校
- 宇土中学校
- 八代中学校

②真和中学校
③九州学院中学校
④ルーテル学院中学校
⑤熊本信愛女学院中学校
⑥熊本マリスト学園中学校
⑦熊本学園大学付属中学校

大分県

①[県立]大分豊府中学校
②岩田中学校

宮崎県

①[県立]五ヶ瀬中等教育学校

②[県立]
- 宮崎西高等学校附属中学校
- 都城泉ヶ丘高等学校附属中学校

③宮崎日本大学中学校
④日向学院中学校
⑤宮崎第一中学校

鹿児島県

①[県立]楠隼中学校
②[市立]鹿児島玉龍中学校
③鹿児島修学館中学校
④ラ・サール中学校
⑤志學館中等部

沖縄県

①[県立]
- 与勝緑が丘中学校
- 開邦中学校
- 球陽中学校
- 名護高等学校附属桜中学校

もっと過去問シリーズ

北海道

北嶺中学校
7年分(算数・理科・社会)

静岡県

静岡大学教育学部附属中学校
(静岡·島田·浜松)
10年分(算数)

愛知県

愛知淑徳中学校
7年分(算数・理科・社会)
東海中学校
7年分(算数・理科・社会)
南山中学校男子部
7年分(算数・理科・社会)
南山中学校女子部
7年分(算数・理科・社会)
滝中学校
7年分(算数・理科・社会)
名古屋中学校
7年分(算数・理科・社会)

岡山県

岡山白陵中学校
7年分(算数・理科)

広島県

広島大学附属中学校
7年分(算数・理科・社会)
広島大学附属福山中学校
7年分(算数・理科・社会)
広島学院中学校
7年分(算数・理科・社会)
広島女学院中学校
7年分(算数・理科・社会)
修道中学校
7年分(算数・理科・社会)
ノートルダム清心中学校
7年分(算数・理科・社会)

愛媛県

愛光中学校
7年分(算数・理科・社会)

福岡県

福岡教育大学附属中学校
(福岡·小倉·久留米)
7年分(算数・理科・社会)
西南学院中学校
7年分(算数・理科・社会)
久留米大学附設中学校
7年分(算数・理科・社会)
福岡大学附属大濠中学校
7年分(算数・理科・社会)

佐賀県

早稲田佐賀中学校
7年分(算数・理科・社会)

長崎県

青雲中学校
7年分(算数・理科・社会)

鹿児島県

ラ·サール中学校
7年分(算数・理科・社会)

※もっと過去問シリーズは
国語の収録はありません。

教英出版
〒422-8054
静岡県静岡市駿河区南安倍3丁目12−28
TEL 054-288-2131
FAX 054-288-2133
詳しくは教英出版で検索
教英出版 検索
URL https://kyoei-syuppan.net/

2024年度　須磨学園中学校入学試験

国　　語

第 3 回

（60分）

（注　意）

解答用紙は、この問題冊子の中央にはさんであります。まず、解答用紙を取り出して、受験番号シールを貼《は》り、受験番号と名前を記入しなさい。

1．すべての問題を解答しなさい。

2．解答は、すべて解答用紙に記入しなさい。

3．解答は、１行の枠内に２行以上書いてはいけません。また、字数制限のある問題については、記号や句読点も１字と数えることとします。

4．試験終了《しゅうりょう》後、解答用紙のみ提出し、問題冊子は持ち帰りなさい。

須磨学園中学校

2024(R6) 須磨学園中　第３回
K 教英出版

4　未熟で無神経な人という印象。

5　高飛車で強気な人という印象。

6　軽率《けいそつ》で勝ち気な人という印象。

問九　〰〰線部a～gのカタカナに相当する漢字を楷書《かいしょ》で書きなさい。

a　オモモ（ち）　　b　ムネ

c　スイチョク　　d　シセイ

e　キケン　　f　サイジョウ

g　シレン

二の設問

問一　「同じこと」（――線部A）とあるが、ここではどのような行動を指していると考えられますか。ここで示されている行動として、**適当でないもの**を、次の中から**すべて**選び、番号で答えなさい。

1　約四〇メートル先の的を射貫くこと。
2　落ち着いた表情で橋に足を伸《の》ばすこと。
3　向こう岸の的に向かって、お辞儀をすること。
4　大きく揺れる不安定な場所から弓を射ること。

問二　「彼の顔は死人のように真っ青だった」（――線部B）とありますが、ここから考えられる彼（男）の心情として最も適当なものを、次の中から一つ選び、番号で答えなさい。

1　哲也が成功したのに、自分は失敗したため、哲也の実力を妬《ねた》むとともに、実力を発揮できなかったことに絶望している。
2　自分の弓の実力なら本来成し遂《と》げられるはずの課題を、恐

問四　「一生の旅」（――線部D）とありますが、それはどういうことですか。その説明として最も適当なものを、次の中から一つ選び、番号で答えなさい。

1　弓を正確に射る技術は、長い時間をかけて育まれるものであるということ。
2　長期間、弓の修行に励《はげ》めば、不利な状況でも的を射られるようになるということ。
3　射手として必要な力は、一朝一夕《いっちょういっせき》で身につくものではないということ。
4　優れた射手になるためには、長い時間をかけて旅をすることが必要であるということ。

問五　「少年はムネを躍らせていた」（――線部E）とありますが、少年の心情として最も適当なものを、次の中から一つ選び、番号で答えなさい。

1　男を打ち負かした興奮に、心を弾《はず》ませるとともに、勝利した哲也のことを称賛《しょうさん》している。

二

次の文章は、パウロ・コエーリョの小説「弓を引く人」の一節です。弓の名人である哲也《てつや》（本文では「哲也」「彼《かれ》」）のもとに、ある男（本文では「男」「彼」）が自分の弓の技量を見てほしいと訪《おとず》れた後の場面です。これを読んで、後の設問に答えなさい。

お詫び
著作権上の都合により、文章は掲載しておりません。
ご不便をおかけし、誠に申し訳ございません。
教英出版

お詫び
著作権上の都合により、文章は掲載しておりません。
ご不便をおかけし、誠に申し訳ございません。
教英出版

（パウロ・コエーリョ『弓を引く人』による）

注1　マスター … 技術や知識などを、習得すること。
注2　マインド … 心。精神。

問十　以下の文章は、それぞれ「清兵衛と瓢箪」（━━線部）の一節《いっせつ》を抜き出したものです。ここで筆者は、どの場面を想定して、この作品を例に出したと考えられますか。最も適当なものを、次の中から一つ選び、番号で答えなさい。

1　清兵衛は十二歳《さい》でまだ小学校に通っている。彼は学校から帰って来るとほかの子供とも遊ばずに、一人でよく町へ[注1]瓢箪を見に出かけた。そして、夜は茶の間の隅《すみ》にあぐらをかいて瓢箪の手入れをしていた。手入れが済むと酒を入れて、手拭《てぬぐ》いで巻いて、鑵《かん》にしまって、それごと炬燵《こたつ》に入れて、そして寝た。翌朝は起きるとすぐ彼は鑵を開けて見る。

2　彼はそれから、[注2]その瓢が離《はな》せなくなった。学校へも持っていくようになった。しまいには時間中でも机の下でそれを磨《みが》いていることがあった。それを受持の教員が見つけた。[注3]修身の時間だっただけに教員はいっそう怒《おこ》った。そしてそのたんせいを凝《こ》らした瓢箪はその場で取り上げられてしまった。清兵衛は泣けもしなかった。彼は青い顔をして家へ帰ると炬燵に入ってただぼんやりとしていた。

3　さて、教員は清兵衛から取り上げた瓢箪を穢《けが》れた物ででもあるかのように、捨てるように、年寄った学校の[注4]小使《こづかい》にやっ

1 個性的なことや才能を発揮することに価値がおかれるのは、一時的な流行に過ぎないのに、そのために遺伝的な可能性をつぶしてしまうのは、正しい選択であるとはいえないから。

2 遺伝的な個性や才能の発揮を子どもに求める近年の教育の流れは、元より制度を重視する学校という組織を、より一層、形式重視の環境に変化させる原因の一つになっているから。

3 意図せずとも形式的な環境を生み出しやすい学校という場において、無理やり個性や才能を見つけようとしても、当然見つかることはなく、結局は子どもの主体性を奪《うば》ってしまうから。

4 個性や才能を育《はぐく》むことは否定できないが、教育の場においてそれを重要視して求めすぎることは、個人が持ちうる遺伝的な可能性を奪うことにつながりかねないから。

意図とは別に偶然によって決まっているため、これからを生きる子どもには、与えられた環境の中で精一杯《せいいっぱい》生き抜こうと努力する力の存在が必要であるということ。

2 遺伝を活《い》かす環境に身を置けるか否《いな》かは、個人に決定権がないという意味で偶然であると言えるが、誰もがその偶然の環境の中で生きていかなければならないという意味では、人間の人生は必然であるということ。

3 環境は人間の営みだけではなく、様々な物事の連鎖《れんさ》によって作られることから、偶然の産物であるといえる一方、人生は個人の選択の連続で作られるため、人生の形は個人次第《しだい》という意味で、必然であるということ。

4 才能や個性の発現は、時代の状況《じょうきょう》や環境などの個人の力が及《およ》ばない諸条件にも左右されるため偶然と言えるが、それによって個人の遺伝的要素の発現が少なからぬ影響を受けることは確実であるということ。

設問は、次の用紙に続きます。

一 の設問

問一 ------線部a～dにおける本文中の意味として最も適当なものを、次の中から一つずつ選び、番号で答えなさい。

a 稀有

1 めったにないこと。　2 効率が悪いこと。

3 印象が良くないこと。　4 ありえないこと。

b 常套句

1 誰《だれ》もが使ったことがある言葉。

2 確信を持って述べられた言葉。

3 物事の核心《かくしん》をついている言葉。

4 幾度《いくど》となく使われてきた言葉。

c おぼろげ

1 どっちつかずで映《は》えない様子。

2 不確かではっきりしない様子。

3 不完全で中途半端《ちゅうとはんぱ》である様子。

4 物事の程度が少量である様子。

問三 「遺伝的素質の発現」（――線部A）に対して、育児に関《かか》わる人はどのように対応することが重要ですか。その説明として最も適当なものを、次の中から一つ選び、番号で答えなさい。

1 子どもに好きなことが一つでも見つかるように、様々な経験の機会を用意すること。

2 子どもが「下手の横好き」であっても、好きなものの存在を認めてあげること。

3 子どもの素質を花開かせるために、子どもが学ぶ環境を可能な限り整備すること。

4 子どもの気持ちを無視することなく、急《せ》かさずに見守り続けること。

問四 「それなりに意味がある」（――線部B）とありますが、なぜそう言えるのですか。その説明として最も適当なものを、次の中から一つ選び、番号で答えなさい。

1 「好きを大切に」という言葉は、自分の「好き」の価値に

一　次の文章を読んで、後の設問に答えなさい。

もちろん子どもの意思を無視してまで、受験なり楽器なりスポーツなりに駆《か》り立《た》てる親を賛美するわけではありません。一方で「その子の〝好き〟を大切に」は、どの育児書にも書かれていることです。この世の無限な選択肢《せんたくし》の中から、何か一つでも「好き」が見つかること自体、a稀有《けう》なことで、仮に「下手の横好き」であっても、そこにはA何らかの遺伝的素質の発現があると考えられます。そもそもその「好き」が見つからない人も少なくありません。私が教えている大学生に、「君の趣味《しゅみ》は？」とたずねても「特にありません」と答える学生が一人や二人ではないことに危機感を抱《いだ》いたくらいでした。

また好きなものはあるけれど、それが特に人生をかけて追求するに値《あたい》する「好き」といえるのか、子ども自身も親も、人様に向かって「私はこれが好きで好きでたまらないんです」と主張できるほどの確信がもてないような「好き」もあるでしょう。ですから「好きを大切に」と言われても、途方《とほう》に暮れてしまう人も多いと思います。だからこそ、たわいもない日常の中の「好き」を大切にというこの育児書のb常套句《じょうとうく》は、Bそれなりに意味があると私も思います。

注1 しんげん

しょう。

しかしもしうちの子どもにはなんの個性もない、なんの才能もない、なんにも志がないと感じたらどうすればよいのか。最近は学校でも、一人ひとりの子どもに「何ものかになること」を求めるようになってきました。これはD諸刃《もろは》の剣《つるぎ》だと思っています。まず学校のような、ともすれば制度の中で形式的になりかねない環境で、そんなことをしても、素直《すなお》に自分の「何ものかになる種」が芽をふかせるほど、遺伝的個性、遺伝的才能は強いものではないのです。そしてそんな微妙《びみょう》なものだからこそ、それを無理やりdあからさまにさせようと、第三者が、仮によかれと思ってしたことであっても、かえってその純粋《じゅんすい》な遺伝的才能を見えなくさせ、結果的につぶしてしまう可能性もあるからです。

そもそも個性的であること、何らかの才能を発揮すること、志をもって人生を貫《つらぬ》くことをよかれと考えること自体が、一時の流行にすぎません。Eボトムライン注3は、まず生き抜《ぬ》くことです。個性や才能や志は、その人の時代と環境で見つかる人もいれば見つからない人もいる。それはF遺伝と環境の条件の偶然《ぐうぜん》が生み出す必然です。あなた自身の人生をふり返ってみても、そうだったのではないでしょうか。あなたのお子さんも、きっとその子なりに、その必然を生きていくはずです。

あんどうじゅこう

「先」の見える気がするかどうかが重要なのではないかと考えています。こんなことをやってみたい、いまじゃなくてもいつかやれそうだ、それを自分でもできたらきっと楽しいだろうな……。そんなふうに単なる［X］な鑑賞者《かんしょうしゃ》にとどまるのではなく、その［Y］な当事者の立場がおぼろげにでも感じられるような「好き」です。

近年の脳科学は、脳のもつこのような「予測」の内的感覚の働きが、知覚や動機づけ、そして学習行動を導いているということを明らかにしつつあります。脳の構造は非常に強く遺伝の影響《えいきょう》を受けていて、一人ひとり異なり、一卵性双生児《いちらんせいそうせいじ》の脳のＭＲＩ[注2]画像は、顔と同じくらい複雑なのによく似ています。それが生み出す予測モデルも、基本的には同じものになるであろうことは容易に想像できます。それが一人ひとりの個性や才能の源泉になっていると行動遺伝学者としての私は信じています。

もしあなたの子どもが、いつの時点かで、あなたもわくわくするような個性や才能の芽生えをみつけたら、それはそれをより文化的に優《すぐ》れた形にするための教育環境《かんきょう》を、できる限り、できる範《はん》囲《い》で作ってあげることが大切でしょう。ましてや子どもが自分から何かを志してしまったら、もはや止めることはできません。志《し》賀《が》直哉《なおや》の「清兵衛《せいべえ》と瓢簞《ひょうたん》」のように止めても何かをしでかすで

注1　箴言…教訓の意味を持つ短い言葉。
注2　ＭＲＩ…体の細胞《さいぼう》組織の動きを画像として取得できる検査手法。
注3　ボトムライン…ボトムは「底」、ラインは「線」の意味。

1 包《つつ》み隠《かく》さず明白であること。
2 嫌《いや》がる相手に強制すること。
3 早く決めるよう急《せ》かすこと。
4 悪意をもって行動すること。

問二 次の文を本文中に挿入《そうにゅう》するとき、最も適当な箇所《かしょ》を本文中から探し、挿入直後の五文字を書き抜きなさい。

それすら大事業です。

く、先のことも見通しながら物事に関わることができるようになるから。
3 人生をかけて追究するほどに「好き」だと言えるものがない人に、小さな「好き」を数多く持つことが大切だと伝えたいから。
4 育児書の言葉は、自分の「好き」に関して悩《なや》む人を優しくはげまし、結果としてその気持ちに自信が持てるようになるから。

問五 X 、 Y に入る言葉の組み合わせとして、最も適当なものを、次の中から一つ選び、番号で答えなさい。
1 X 直観的 Y 実証的
2 X 悲観的 Y 楽観的
3 X 画一的 Y 多面的
4 X 受動的 Y 能動的

設問は、裏面に続きます。

問六　『「予測」の内的感覚』（――線部Ｃ）についての説明として最も適当なものを、次の中から一つ選び、番号で答えなさい。

1　近年の脳科学や行動遺伝研究の発展は、個人の個性や才能を見出《みいだ》せる標準的な「予測モデル」を生み出すことにつながった。

2　現在に限らず、「先」のことも予測しようとする働きと学習意欲の高まりは関係を持つということが研究により示され始めている。

3　脳の構造が遺伝の影響を強く受けているということは、一卵性双生児の「予測モデル」の類似性《るいじせい》から証明されることである。

4　一卵性双生児のＭＲＩ画像の比較《ひかく》を手がかりとして、「予測」の内的感覚が一人ひとりの学習行動に与える影響について明らかになった。

問七　「諸刃の剣」（――線部Ｄ）とありますが、なぜそう言えるのですか。その説明として最も適当なものを、次の中から

問八　「ボトムラインは、まず生き抜くこと」（――線部Ｅ）とは、どういうことですか。その説明として最も適当なものを、次の中から一つ選び、番号で答えなさい。

1　遺伝的な個性や才能の発揮をいかに実現するのかを考える以前に、個人が生き延びること自体が根源的に重要であるということ。

2　個性や才能が見つかるかどうかは個人や時代によるため、まずは、達成できる目標を持つことが人生の基本であるということ。

3　個性や才能の重視という一時の流行に左右されることなく、自分の好きなことを実行しながら生き抜くことが大切であるということ。

4　個性や才能を発揮するためには、与えられた時代や環境の中で生き続けることが最低限必要であるということ。

問九　「遺伝と環境の条件の偶然が生み出す必然」（――線部Ｆ）とは、どういうことですか。その説明として最も適当なものを、次の中から一つ選び、番号で答えなさい。

て、近所の骨董屋《こっとうや》[注5]へ持って行って見せた。結局五十円でようやく骨董屋はそれを手に入れた。小使は教員からその人の四か月分の月給をただで貰《もら》ったような幸福を心ひそかに喜んだ。

4 清兵衛は今、絵を描《か》くことに熱中している。これができた時に彼にはもう教員を怨《うら》む心も、十あまりの愛瓢を玄能《げんのう》[注6]で破《わ》ってしまった父を怨む心もなくなっていた。しかし彼の父はもうそろそろ彼の絵を描くことにも叱言《こごと》を言い出してきた。

注1　瓢箪：ウリ科の植物。これを加工したものが観賞用や容器として扱われる。

注2　その瓢：ここでは清兵衛が大層気に入った瓢箪のことを指す。

注3　修身：教科の一つ。現在でいう道徳の前身。

注4　小使：細かな雑用に従事する人。

注5　骨董屋：古いものを買取り、欲しい人に売る店。

注6　玄能：石などを、たたくための大型のかなづち。

お詫び

著作権上の都合により、文章は掲載しておりません。
ご不便をおかけし、誠に申し訳ございません。

教英出版

から立ち直ることができず、生気を失っている。

4　足場の深い谷間に怯《おび》えたせいで、哲也との勝負に負けてしまった現実が受け入れられず、失意に陥《おちい》っている。

問三　「マインドをマスターしている」（――線部C）とありますが、それはどういうことを指して言うのですか。その説明として最も適当なものを、次の中から一つ選び、番号で答えなさい。

1　自分の心の状態を、いつでも一定に保つことができること。

2　恐怖を覚えている時であっても、正確に弓を扱《あつか》えること。

3　どのようなものと面しても、落ち着いた振《ふ》る舞《ま》いができること。

4　自分の心がどのような状態にあるか、おおむね把握《はあく》できること。

3　勝ってもなお相手を気遣う哲也に尊敬の眼差しを向け、晴れやかな想《おも》いを抱いている。

4　今日の出来事から、哲也が優れた射手であることを再確認し、感銘《かんめい》を受けている。

設問は、裏面に続きます。

問六　「それを学ばない内は、他人のことを判断してはならないよ」（――線部F）とありますが、それはどういうことを言っているのですか。その説明として最も適当なものを、次の中から一つ選び、番号で答えなさい。

1　相手のことをよく理解せずに、勝ち誇《ほこ》ったかのような態度をとる少年を注意し、少年の考え方を正そうと諭《さと》している。

2　負けた男を前にして、そのことを馬鹿《ばか》にするような態度をとった少年を叱《しか》り、人を敬う気持ちの大切さを教えている。

3　善良な人であった男のことを考えずに、自身の勝利をたたえる少年の態度に疑問を覚え、態度を改めるよう指摘している。

4　周りの状況を考慮《こうりょ》することなく、自身の勝利を大いに喜ぶ少年の態度に気まずさを覚え、少年を落ち着かせようとしている。

問七　「そのような印象」（――線部G）についての説明として最も適当なものを、次の中から一つ選び、番号で答えなさい。

1　無鉄砲《むてっぽう》で傲慢《ごうまん》な人という印象。

問八　「彼が今日、私にさせたことはそれだったのだよ」（――線部H）とありますが、これはどういうことですか。本文全体の展開をふまえ、一〇〇字以上一二〇字以内で説明しなさい（句読点も一字と数えます。なお、採点は、どういう書かれ方をしているかについても見ます）。

下書き用　**（※これは解答用紙ではありません）**

20　40　60　80　100

2024年度　須磨学園中学校入学試験

算　　数

第 3 回

（60分）

（注　意）

解答用紙は、この問題冊子の中央にはさんであります。まず、解答用紙を取り出して、受験番号シールを貼《は》り、受験番号と名前を記入しなさい。

1．すべての問題を解答しなさい。

2．解答はすべて解答用紙に記入しなさい。

3．試験終了《しゅうりょう》後、解答用紙のみ提出し、問題冊子は持ち帰りなさい。

4．答えが割り切れないときは、分数で答えなさい。

須磨学園中学校

1　次の $\square$ に当てはまる数を答えなさい。

(1)　$(53-17\times3+2)\times(3\times6\times9-9\times6\times2)\div9=\square$

(2)　$\dfrac{7}{11}\div2.6\times2\dfrac{3}{5}\times6\dfrac{2}{7}+0.375\div2.125\times7\dfrac{1}{9}\div\dfrac{32}{51}=\square$

(3)　$12\times13+13\times13+14\times25-15\times3+16\times25-30=\square$

(4)　2週間5日8時間30分21秒－2週間2日22時間22分22秒＋50時間8分38秒－4日12時間14分34秒＝$\square$秒

(5)　$\dfrac{3\times\square-5}{1\times2\times3\times4}\times4.5+3\times2=9$

2へ続く

計算欄《らん》（ここに記入した内容は採点されません）

2　次の□に当てはまる数を答えなさい。

(1)　ある規則にしたがって，次のように数が並んでいます。

$\frac{1}{2}$，$\frac{1}{4}$，$\frac{3}{4}$，$\frac{1}{6}$，$\frac{3}{6}$，$\frac{5}{6}$，$\frac{1}{8}$，$\frac{3}{8}$，$\frac{5}{8}$，$\frac{7}{8}$，$\frac{1}{10}$，……

先頭から 24 番目の数は□です。

(2)　下の図のように，正五角形と正六角形が１辺を共有しています。
角アの大きさは□度です。

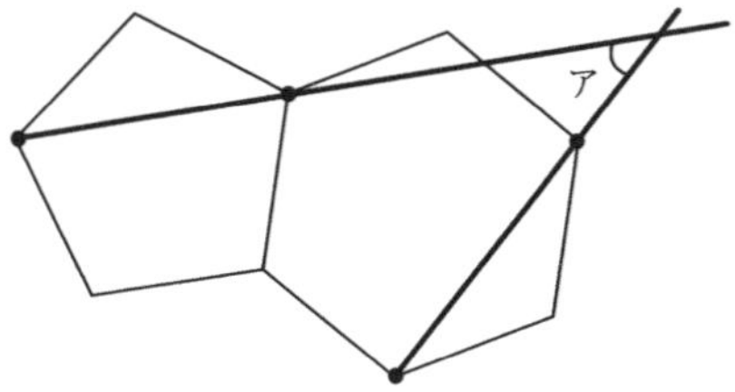

(3)　ある仕事を A さんが行うと６時間，B さんが行うと４時間かかります。
A さんが何時間か仕事を行った後に，B さんが残りの仕事を行うと２人合わせて 4.5 時間かかりました。このとき，A さんは仕事を□時間行いました。

(4)　下の図のように，直角三角形の内側で半円 A が接しています。半円 A の半径の長さは□cmです。

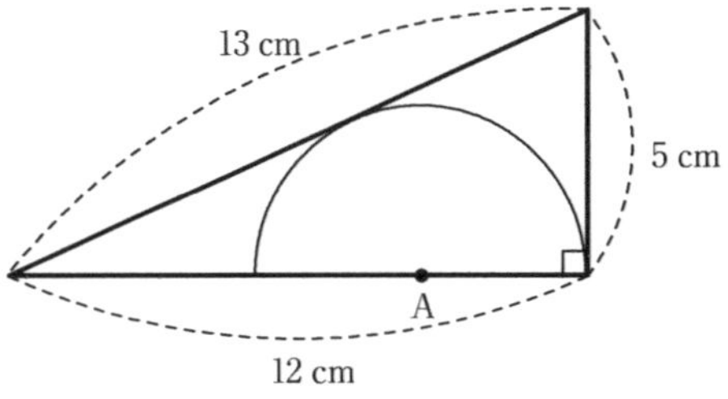

2 の(5)以降の問題は，５ページに続く

計算欄《らん》（ここに記入した内容は採点されません）

2

(5)　「○！」は「○×（○－1）×（○－2）×（○－3）×……×3×2×1」を表すものとします。
例えば，5！＝5×4×3×2×1＝120です。
このとき，1×（1！）＋2×（2！）＋3×（3！）＋4×（4！）＋5×（5！）＝□です。

(6)　立方体は正方形6個からできています。正方形1個には辺が4本あり，2つの面が辺を1つ共有するので4×6÷2＝12より立方体の辺の数は12本となります。

右の図は，正方形30個，正六角形20個，正十角形12個からできている「斜《しゃ》方切頂二十・十二面体」と呼ばれる立体です。

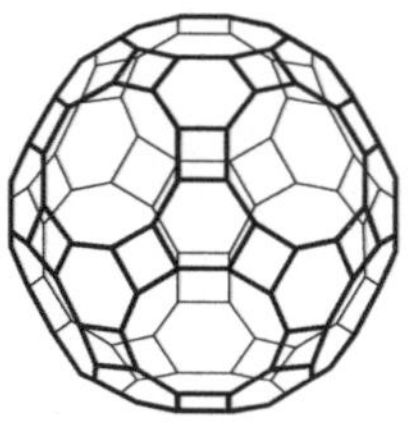

この立体の辺の本数は□本です。

(7)　ビーカーAには濃度《のうど》3％の食塩水100g，ビーカーBには濃度11％の食塩水100gが入っています。それぞれのビーカーから，同時に□gずつ取り出し，それぞれ他方のビーカーに入れてよくかき混ぜた結果，ビーカーAの食塩水の濃度は6％になりました。

(8)　下の図のような1辺が4cmの正方形を5個くっつけた図形があります。
半径1cmの円を，この図形の外側を離《はな》れることなく1周させたとき
円の通過した部分の面積は□cm^2です。ただし，円周率は3.14とします。

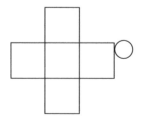

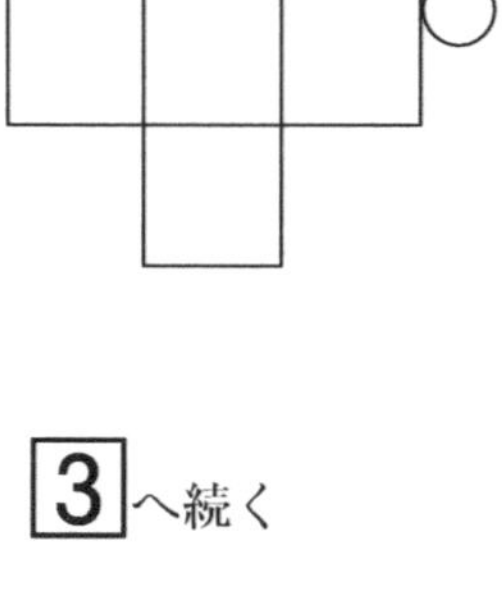

3へ続く

計算欄《らん》（ここに記入した内容は採点されません）

3 辞書に単語を掲載《けいさい》する順を辞書式順序といいます。
英語の辞書の場合，1文字目を比べてアルファベット順に並べます。1文字目が同じときは2文字目を比べてアルファベット順に並べます。1文字目，2文字目が同じ場合は3文字目を比べるというように先頭の文字から順に比べて単語を並べていきます。この問題では文字列に意味があるか無いかに関わらず単語ということにします。

例えば，A, B, C の 3 文字すべてを 1 回ずつ使ってできる単語を辞書式に並び替《か》えると

ABC，ACB，BAC，BCA，CAB，CBA

の順になります。
また，S, U, M, A, N の文字をアルファベット順に並べると，A, M, N, S, U となります。

(1) S, U, M, A の4文字すべてを1回ずつ使ってできる単語を辞書式に並べ替えることを考えます。

(ア) 全部で何通りの単語ができるか答えなさい。
(イ) 「SUMA」は何番目の単語か答えなさい。
(ウ) 21 番目の単語は何か答えなさい。

(2) S, U, M, A のアルファベットを使って，4文字以下の単語を作ります。
S, AA, SUM などのように，使用しないアルファベットがあったり，同じアルファベットを使っている単語も考えます。
A, M, S, U, AA, AM … のように，作ることのできる単語すべてを文字数の少ない順に辞書式に並べ替えたとき，「SUMA」は何番目の単語か答えなさい。

(3) S, A, N, S, U の 5 文字すべてを 1 回ずつ使ってできる単語を辞書式に並べ替えることを考えます。このとき「SANSU」は何番目の単語か答えなさい。

4へ続く

計算欄《らん》（ここに記入した内容は採点されません）

4 図1のように，1辺の長さが12 cmの立方体があります。

各辺の真ん中の点であるＰ，Ｑ，Ｒを通る平面でこの立方体を2つの立体に切り分けたとき，体積の大きい方の立体を L とします。点Ｓ，Ｔは，断面と各辺との交点です。

ただし，三角すいの体積は 底面積×高さ×$\frac{1}{3}$ で求められます。

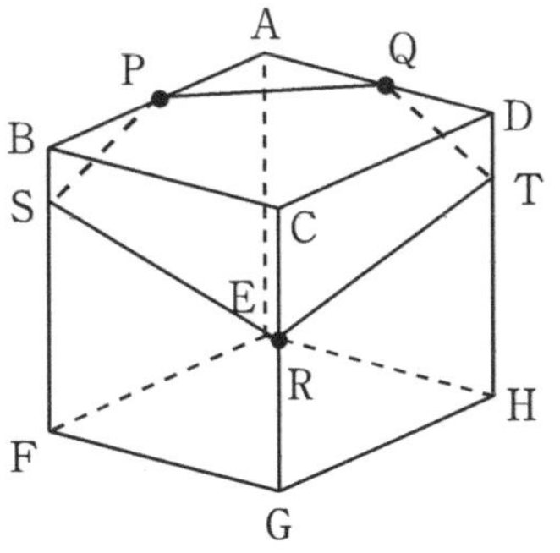

図 1

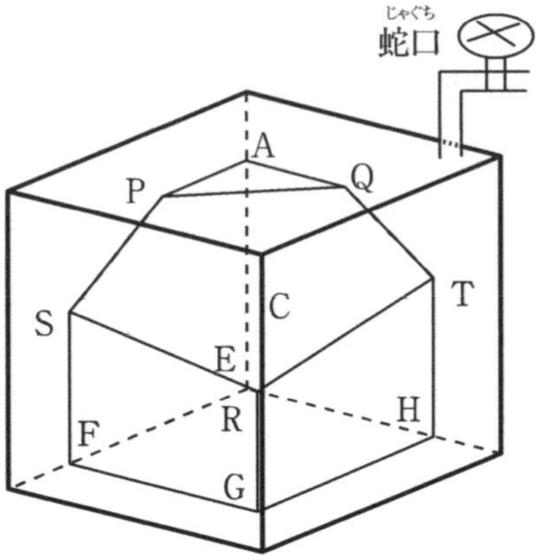

図 2

(1) 図1の辺DTの長さを答えなさい。

(2) 立体 L の体積を答えなさい。

図2のように，1辺の長さが15 cmの立方体型の水槽《すいそう》に，立体 L が2つの側面と底面でくっついています。この水槽に水を入れていきます。

(3) 水面が頂点Ｒの高さにきたとき，水槽に入っている水の体積を答えなさい。

(4) 水面が頂点Ｓの高さにきたとき，水槽に入っている水の体積を答えなさい。

(5) 水面が底面から11 cmの高さにきたとき，水槽に入っている水の体積を答えなさい。

5 へ続く

計算欄《らん》（ここに記入した内容は採点されません）

5 図のように，6 個の正三角形と 1 個の正方形が組み合わせてできた図形があります。正三角形の 1 辺の長さは，大きい方が 16 cm ，小さい方が 8 cm です。
点 A は正方形の辺の真ん中の点であるものとします。

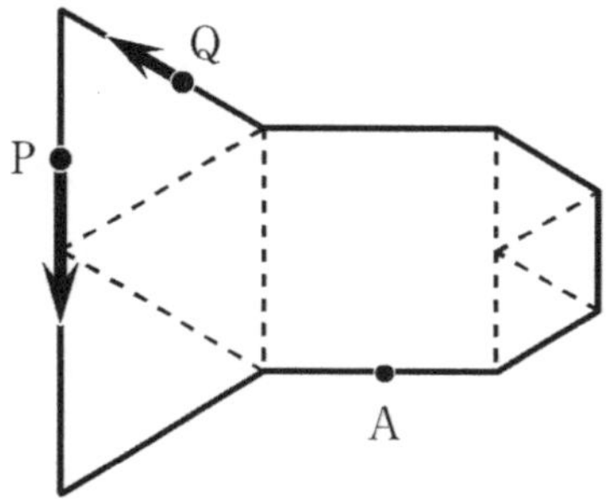

点 P ，点 Q は，図形の周上（太線上）を移動します。点 P は 1 時間で，点 Q は 12 時間で 1 周し，ともに反時計回りに一定の速さで進みます。
点 P の進行方向と点 Q の進行方向のなす角を考えます。進行方向のなす角とは，点 P と点 Q の進行方向の矢印を平行に移動して根元をそろえてできる角で小さい方を指すものとします。
例えば，図の場合，点 P と点 Q の進行方向のなす角は 120 度です。

(1) 点 Q は，1 cm 移動するのに何分かかるか答えなさい。

点 P ，点 Q が同時に点 A を出発するとき

(2) 出発してから 4 時間 45 分後の点 P と点 Q の進行方向のなす角は何度か答えなさい。

(3) 点 Q が点 A を出発してから 12 時間のうちで，点 Q が正方形の点 A がある辺上にあり，点 P と点 Q の進行方向のなす角が 180 度となっている時間は何分間か答えなさい。

(4) 点 Q が点 A を出発してから 12 時間のうちで，点 P と点 Q の進行方向のなす角が 180 度となっている時間は何分間か答えなさい。
また，考え方も答えなさい。

2024年度　須磨学園中学校入学試験

理　　科

第 3 回

（60分）

（注　意）

解答用紙は、この問題冊子の中央にはさんであります。まず、解答用紙を取り出して、受験番号シールを貼《は》り、受験番号と名前を記入しなさい。

1．すべての問題を解答しなさい。

2．解答はすべて解答用紙に記入しなさい。

3．試験終了《しゅうりょう》後、解答用紙のみ提出し、問題冊子は持ち帰りなさい。

須磨学園中学校

1 各問いに答えなさい。

心臓の動きを拍動《はくどう》といい，拍動は「どっくん…どっくん…どっくん…」と表現されます。この拍動のリズムは，心臓のどのような動きからきているのか，考えてみましょう。

拍動は，血液を血管へと送り出すために心臓の筋肉（心筋といいます）が規則正しく収縮《しゅうしゅく》する動きです。心臓が血液を送り出し全身にめぐらせるのは，からだのさまざまな場所に酸素を届けるためです。したがって心臓から出ていく血液のめぐりには，酸素をからだに届けるための（　ア　）と，肺で酸素を受けとるための（　イ　）の２つがあります。

心臓の内部には４つの部屋があり，上側の２部屋を「心房《しんぼう》」，下側の２部屋を「心室」と呼び，それぞれ「右心房」と「左心房」，「右心室」と「左心室」に分かれています。(1) 心房や心室の壁《かべ》は心筋でできており，それぞれの部屋は血液を受け取ったり血液を送り出したりする役割を担っています。心筋は左右別々に収縮することはなく，収縮するときは心房全体もしくは心室全体が収縮します。

右心房には全身をめぐって酸素を届け終わった血液が，左心房には肺を通って酸素を受け取った血液が，それぞれもどってきます。心房の筋肉が収縮すると，心房から心室へと血液が押《お》し出されます。(2) 続いて心室の筋肉が収縮すると，心室から血管へと血液が押し出されます。このとき，血管を通って，右心室の血液は肺へと，左心室の血液はからだのさまざまな場所へと流れていきます。からだ中に十分な酸素を届けるため，左心室は強い力で心筋を収縮させ血液を送り出しています。(3) 血液が送り出されることによって起こる血管の動きを「脈拍《みゃくはく》」といい，手首や首筋を指で押さえることで確認することができます。また，(4) 心室が収縮するときには，筋肉の強い力で血液を押し出すため，血液が心房へ逆流しないようにしなければいけません。

問１　本文中の空らん（　ア　）と（　イ　）にあてはまる適切な語句をそれぞれ答えなさい。

問２　次の心臓の部屋（A）～（D）につながっている血管の名前を【選択肢《せんたくし》１】の①～④から，また，心臓の部屋（A）～（D）を通る血液としてあてはまるものを【選択肢２】の①と②から，それぞれ１つずつ選び，記号で答えなさい。

（A）　右心房　　（B）　右心室　　（C）　左心房　　（D）　左心室

【選択肢１】　①　大動脈　　②　大静脈　　③　肺動脈　　④　肺静脈
【選択肢２】　①　酸素を多くふくむ血液　　②　二酸化炭素を多くふくむ血液

問３　下線部（１）について，心筋の厚さは心臓の場所によって異なります。心臓の４つの部屋を心筋の厚い順に並べたものとして適切なものを，次の①～⑥から１つ選び，記号で答えなさい。ただし，心房の心筋の厚さは左右でほぼ等しいことが知られているため，まとめて「心房」として表します。

①　左心室・右心室・心房　　②　左心室・心房・右心室　　③　心房・左心室・右心室
④　右心室・左心室・心房　　⑤　右心室・心房・左心室　　⑥　心房・右心室・左心室

問４　下線部（２）について，心房《しんぼう》が収縮《しゅうしゅく》してから心室が収縮するまでの時間にズレがあることには，重要な意味があります。もしこの時間のズレが小さくなると，どんなことが起こると考えられますか。適切なものを，次の①～④から２つ選び，記号で答えなさい。ただし，拍動《はくどう》の開始と次の拍動の開始までの間隔《かんかく》は変化しないものとします。

①　心房から心室に移動する血液量が増え，からだに届く酸素の量が増える。

②　心房から心室に移動する血液量が増え，肺で受けとる酸素の量が増える。

③　心房から心室に移動する血液量が減り，からだに届く酸素の量が減る。

④　心房から心室に移動する血液量が減り，肺で受けとる酸素の量が減る。

問５　下線部（３）について，拍動では「どっ」と「くん」のように連続して２回の動きを感じるのに対して，脈拍《みゃくはく》では「とく」と１回しか感じません。その理由について適切なものを，次の①～④から１つ選び，記号で答えなさい。

①　拍動は右心室と左心室の収縮によるもので，脈拍は右心室の収縮によるものだから。

②　拍動は右心室と左心室の収縮によるもので，脈拍は左心室の収縮によるものだから。

③　拍動は心房と心室の収縮によるもので，脈拍は右心室の収縮によるものだから。

④　拍動は心房と心室の収縮によるもので，脈拍は左心室の収縮によるものだから。

問６　心臓の大きさは「にぎりこぶし」くらいと言われます。Ｓさんの心臓について調べたところ，左心室の容積は血液が入りこんでふくらんだ状態で140 mL，収縮した状態で70 mLであり，心臓の拍動数は安静にしているときには１分間に70回，運動時には130回でした。次の（ａ）と（ｂ）の問いに答えなさい。

（ａ）　自分自身の心臓全体の体積を知るために，にぎりこぶしの体積を測ろうと思います。けがをすることなく，コンピュータを使わずに，できるだけ正確にあなたのにぎりこぶしの体積を測る方法を簡単に答えなさい。

（ｂ）　Ｓさんは10分間の運動を１時間に２回行いました。１時間のあいだに左心室が送り出した血液の合計量を計算しなさい。ただし，運動時以外は安静にしており，拍動数は運動の開始後や終了後にはすぐに運動時や安静時の状態になるものとします。

問７　下線部（４）について，血液の逆流を防ぐために，心房と心室の間や，心室と動脈の間には弁があります。心室が血液を送り出しているとき，これらの弁はどのような状態にあるかを考え，下の例にならって解答らんの模式図内の正しい位置に書き入れなさい。ただし，弁の向きと開閉状態が分かるように注意すること。

問８　心筋は収縮することはできますが，みずから伸《の》びることはできません。そのため，心房や心室は収縮して血液を押《お》し出した後，みずから拡張して元の大きさにもどることはできません。心房や心室はどのようにして元の大きさにもどっていると考えられますか。30字以内で答えなさい。

2　各問いに答えなさい。

硫酸銅《りゅうさんどう》の$_{(1)}$ <u>水よう液</u>の温度を下げていくと，青色の結晶《けっしょう》（以下Ａとします）が観察されます。Ａは，硫酸銅の結晶の中に一定の割合で水をふくんでいる固体で，Ａは硫酸銅１個に対して水５個がふくまれています。Ａの固体を水に溶《と》かすと，結晶の中にふくまれていた水は離《はな》れていき，硫酸銅の水よう液になります。

Ａの固体を蒸発皿にのせて加熱すると，Ａにふくまれていた水は水蒸気となって，固体中から出ていきますが，加熱する温度によって出ていく水の重さはちがうことがわかっています。100 gのＡを蒸発皿にのせて加熱したとき，加熱する温度と蒸発皿に残った固体の重さの関係を（図１）にまとめました。150℃以上の温度で加熱すると，Ａにふくまれていた水はすべてなくなり，白色の硫酸銅の固体（以下Ｄとします）になることが分かりました。

Ｄを水に溶かすと，青色の水よう液になります。水100 gに溶けるＤの重さと温度の関係を（図２）に表しました。

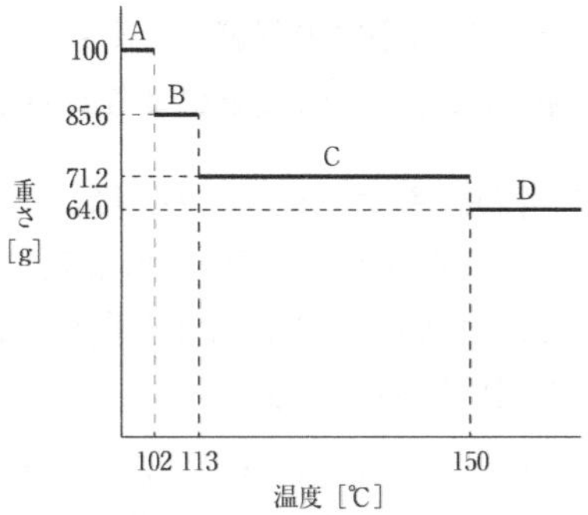

（図１）

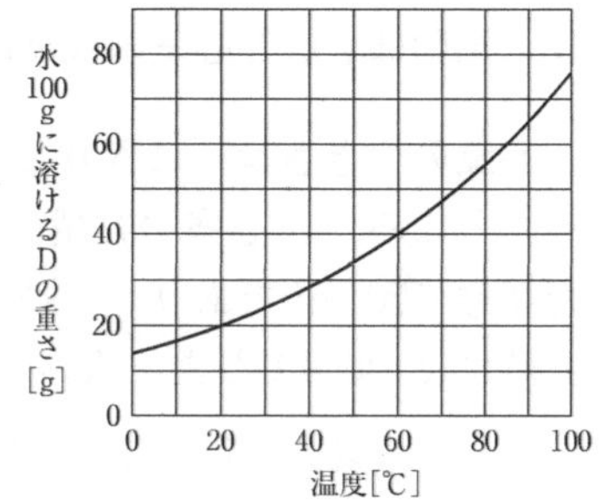

（図２）

問１　下線部（１）について，水よう液の性質として正しいものを，次の①～④から１つ選び，記号で答えなさい。

① すべての水よう液はとう明であり，すき通って見える。
② すべての水よう液は電気が流れる。
③ すべての水よう液は水に固体を溶かしてつくられる。
④ すべての水よう液は酸性である。

問２　（図１）を参考にして，62.5 gのＡにふくまれている水の重さを答えなさい。

問３　（図１）中のＢとＣは，硫酸銅《りゅうさんどう》１個に対して何個の水がふくまれていますか。それぞれ答えなさい。

問４　60℃の水100 gに溶《と》かすことができるＤの重さを答えなさい。

問５　20 gのＡを120℃で加熱しました。加熱後，蒸発皿に残った固体を100 gの水にすべて溶かし水よう液をつくりました。このときの水よう液の濃度《のうど》は何％になりますか。小数第２位を四捨五入して，小数第１位まで求めなさい。

問６　60℃の硫酸銅飽和《ほうわ》水よう液を冷やしていきました。20℃まで冷やすと，Ａが20 g溶け残りとして出てきました。次の（ａ）と（ｂ）の問いに答えなさい。

（ａ）　溶け残りを取り出すためにどのような操作を行えばよいですか。操作の名前を答えなさい。

（ｂ）　はじめに用意した水よう液の重さを答えなさい。小数第２位を四捨五入して，小数第１位まで求めなさい。

問７　80℃の硫酸銅水よう液の温度をゆっくりと下げていくと，60℃でＡが溶け残りとして出てきました。その後，さらに20℃まで冷やしました。冷却《れいきゃく》時間と水よう液中の水の重さの関係として適切なものを，次の①～④のグラフから１つ選び，記号で答えなさい。ただし，Ａ中にふくまれる水は考えないものとします。

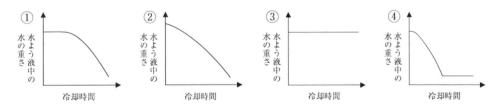

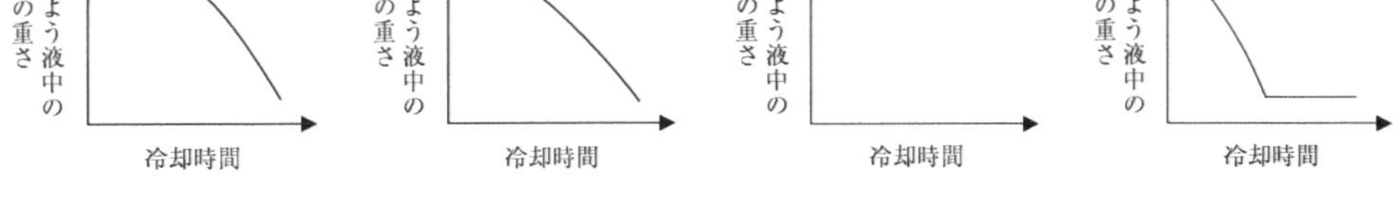

3 各問いに答えなさい。

脱《だつ》炭素社会の実現に向け，電気自動車が普《ふ》及《きゅう》してきました。電気自動車が走るためにはバッテリーの充電《じゅうでん》が必要です。充電の速さはkW（キロワット）という単位で表されます。１kWの速さで１時間充電すると，バッテリーには１kWh（１キロワット時）の電気がたまります。たとえば，２kWの速さで５時間充電すると，10 kWhの電気をためることができます。

電気自動車の充電には主に次の３種類があります。

・基《き》礎《そ》充電：自宅などで，車を使用していない時間に行う充電（３kW）

・経路充電：移動途《と》中にサービスエリアなどで行う充電（50 kW ～240 kW）

・目的地充電：ショッピングモールなどに行ったときに，駐車場《ちゅうしゃじょう》で行う充電（３～６kW）

１回の充電あたりの走行可能距《きょ》離《り》を大きくするためには，より多くのエネルギーをたくわえられるバッテリーを使う必要があります。(1) バッテリーは，「セル」と呼ばれるかん電池のようなものをたくさん接続することで，電気をためる容量を大きくすることができます。(2) すまお君の家庭にある電気自動車は，容量80 kWhのバッテリーを使用しており，１kWhあたり７km走行できます。

また，電気自動車の中には，バッテリーの電気を消費して走るだけではなく，(3) 「回生《かいせい》ブレーキ」という仕組みを使い，回転するタイヤを発電機のように利用して，車が走るエネルギーを再びバッテリーにたくわえることができるものがあります。回生ブレーキの機能が無い自動車は，ブレーキをかけたとき，運動エネルギーが（　ア　）として失われてしまいます。

問１　下線部（1）について，容量の大きなバッテリーの作り方を考えます。豆電球１個とかん電池２個を使って，（図１）の豆電球と同じ明るさで，より長い時間豆電球がつくようにするには，どのようにすればよいですか。解答らんに回路図をかきなさい。

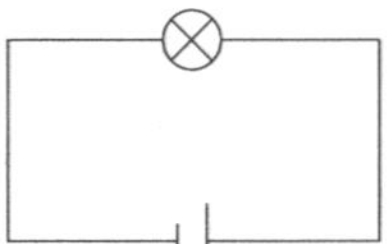

（図１）

問２　下線部（2）について，すまお君の家の電気自動車を３kWで充電した場合，バッテリーにたくわえられた電気を容量の30％から90％に回復させるには，何時間充電する必要がありますか。

問３　下線部（2）について，ガソリン車のエネルギー補給は，電気自動車よりも短時間で終わります。あるガソリン車は，１分20秒間の給油で560 km走行することができます。これはすまお君の家の電気自動車であれば，何kWで充電したことになりますか。

※

問九

g	e	c	a
			(ち)

f	d	b

※

問八

120 100 80 60 40 20

※

※150点満点
（配点非公表）

※

2024SUMAJ0310

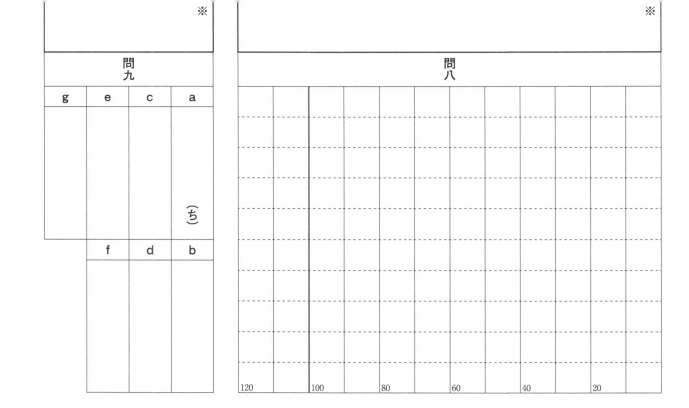

cm	cm³	cm³	cm³	cm³

5

(1) 分	(2) 度	(3) 分間

(4)

答え 分間

※

※

※150点満点
（配点非公表）

2024SUMAJ0320

問1		問2	g		
問3	B　個	C　個	問4	g	
問5	%	問6	(a)	(b)	g
問7					

※

3

問1		問2	時間	問3	kW
		問4	分間		
		問5		問6	

※

4

問1	ア	イ	ウ		
問2	(1)	(2)	問3	(a)	(b)
問4					
問5	→ →				
問6		問7			

※

※

※150点満点
（配点非公表）

2024SUMAJ0350

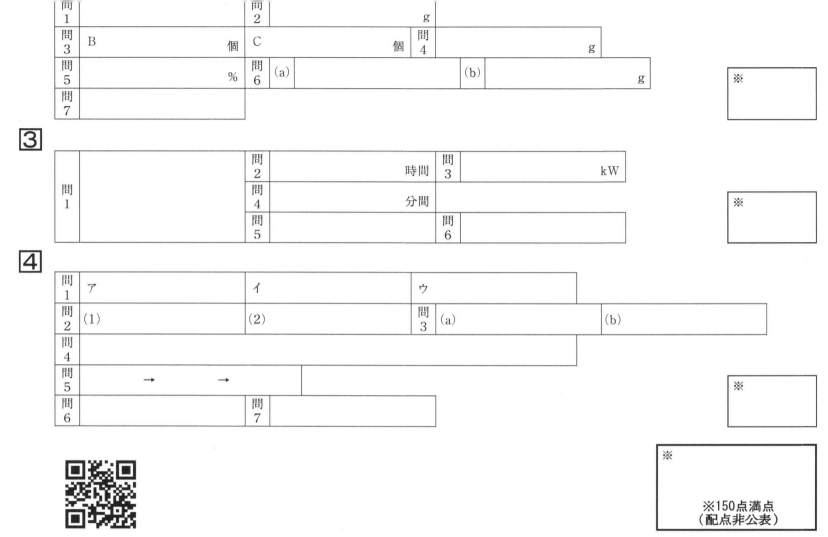

↓ここにシールを貼《は》ってください↓

受験番号

名前	

２０２４年度　須磨学園中学校　第３回入学試験解答用紙　理科

1

（※の欄《らん》には、何も記入してはいけません）

問1	ア	イ

問2		(A)	(B)	(C)	(D)
	【選択肢1】				
	【選択肢2】				

問3		問4		問5	

問6		
	(a)	
	(b)	mL

問7	
	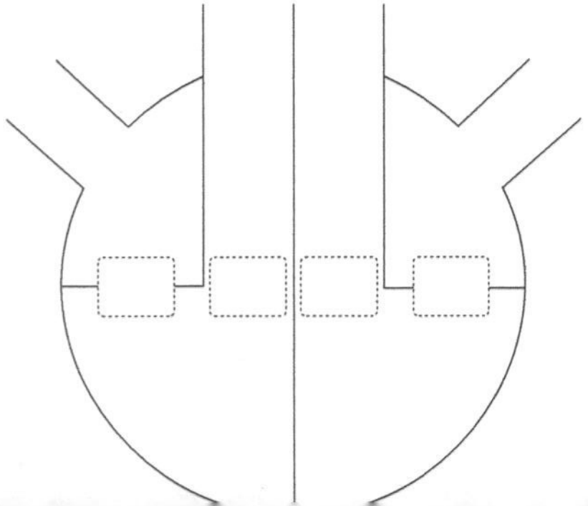

問8										

※

【解答

↓ここにシールを貼《は》ってください↓

受験番号

名前	

２０２４年度　須磨学園中学校　第３回入学試験解答用紙　算数

（※の欄《らん》には、何も記入してはいけません）

1

(1)	(2)	(3)	(4)	(5)	※
			秒		

2

(1)	(2)	(3)	(4)	※
	度	時間	cm	
(5)	(6)	(7)	(8)	
	本	g	cm^2	

3

(1)（ア）	（イ）	（ウ）	(2)	(3)	※
通り	番目		番目	番目	

【解答

↓ここにシールを貼《は》ってください↓

受験番号

名前	

2024年度　須磨学園中学校　第3回入学試験解答用紙　国語

一

（※の欄《らん》には、何も記入してはいけません）

問一 ※
a
b
c
d

問二 ※

問三 ※
問四

問五 ※
問六

問七 ※

問八 ※
問九

問十 ※

※

二

（※の欄には、何も記入してはいけません）

問一 ※
問二

問三 ※
問四

問五 ※
問六

問七 ※

【解答

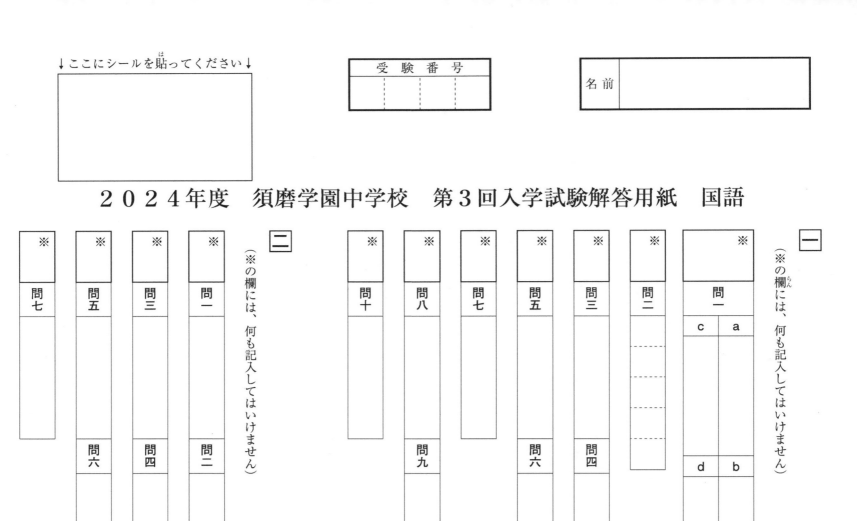

問４　下線部（２）について，すまお君は，家族の運転する電気自動車で，神戸の自宅から東京方面に家族旅行に出かけました。容量の100%まで充電《じゅうでん》して自宅を出発し，帰宅するまでに1050 km走行しました。とまるホテルには３kWの充電器が設置されており，ホテルにいる間に15時間充電することができました。また，途《と》中のショッピングモールに立ち寄り，買い物をしている間に６kWの充電器で３時間充電しました。帰宅したときのバッテリーが容量の10%の状態であり，経路充電で150 kWの充電器を利用していたとすると，経路充電で何分間充電する必要がありますか。ただし，回生ブレーキによる充電は考えないものとします。

問５　空らん（　ア　）にあてはまる語句を答えなさい。

問６　下線部（３）の仕組みがあるため，電気自動車の実際の走行可能距離《きょり》（その時点から充電せずに走ることができる距離）は，状況に応じて変化します。すまお君の家の電気自動車のモニターには，出発してからの走行距離と，走行可能距離をグラフで表示する機能があります。あるときグラフを見たら，（図２）のように表示されていました。

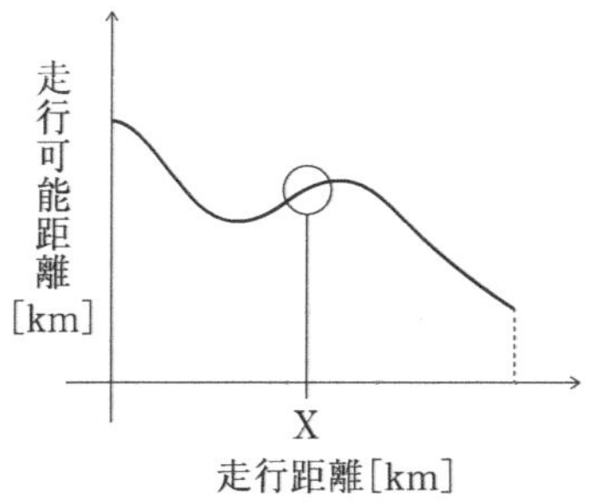

（図２）

（図２）における「Ｘ」の部分で，走行可能距離が増えている理由として適切なものを，次の①～⑤から１つ選び，記号で答えなさい。ただし，車は一定の速さで走行したものとします。

①　平たんな道をゆっくりと走行したため。
②　雨が降って車体や路面がぬれていたため。
③　長い上り坂を走行したため。
④　長い下り坂を走行したため。
⑤　気温が急に上昇し，エアコンを使用したため。

4 各問いに答えなさい。

地層に力がはたらくと，断層という地層がずれる現象や，しゅう曲という地層が曲がる現象が起こります。地層を両側から押《お》す力，地層を両側に引っ張る力など，地層にはたらく力に注目しましょう。

断層とは，地層に力がはたらくことで，地層が切れてずれる現象です。断層ができるときには，（　ア　）が発生することが多いです。断層の中でも，過去に何度もずれて大きな（　ア　）を引き起こし，今後もずれる可能性が高い断層を（　イ　）といいます。（　イ　）は，日本各地の地面の下にかくれています。断層は，地層のずれ方で三つのタイプにわけることができます。(1) 重力の向きに地層がズルっとずれる正断層，(2) 重力に逆らって地層がズルっと這《は》い上がるようにずれる逆断層，そして (3) 地《じ》盤《ばん》が互いに水平方向にズルっとずれる横ずれ断層です。

しゅう曲とは，地層がぐにゃ～と波打つように変形する現象です。これは，地層が両側から押され続けることで起こり，(4) 断層はできず，地層は破壊《はかい》されません。波状に曲がったしゅう曲には，（図１）のように，山型の部分（背斜《はいしゃ》）と谷型の部分（向斜《こうしゃ》）ができます。

九州の天草地方には，2000万年前から500万年前にかけて北西方向と南東方向から力を受けたことで (5) それまでにできた地層が大きくしゅう曲し，背斜と向斜をくり返している地形があります。その後，雨や水により（　ウ　）作用を経て，現在では（図２）のような (6) ケスタ地形とよばれる地形になっています。特に，次郎丸岳《じろうまるだけ》は，東側が急傾斜《けいしゃ》で，西側がゆるやかにかたむいており，ケスタ地形の特徴《とくちょう》をよく表しています。

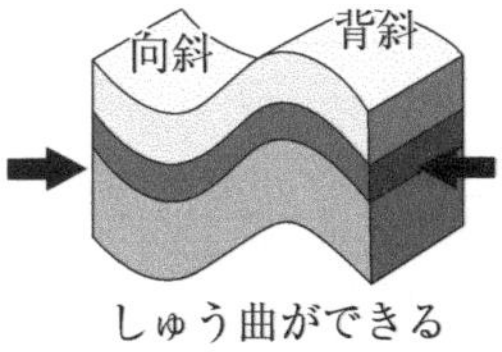

（図１）

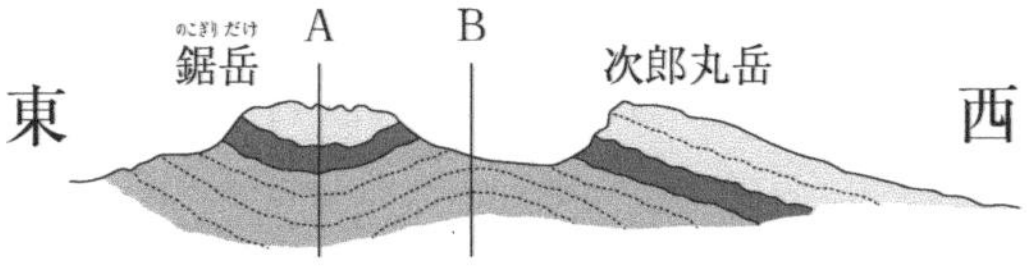

（図２）

問１　本文中の空らん（　ア　）～（　ウ　）にあてはまる語句をそれぞれ答えなさい。

問２　下線部（１），（２）にはたらく力の向きとして正しいものを，次の①，②から選び，それぞれ記号で答えなさい。ただし，矢印は力のはたらく向きを表しています。

①

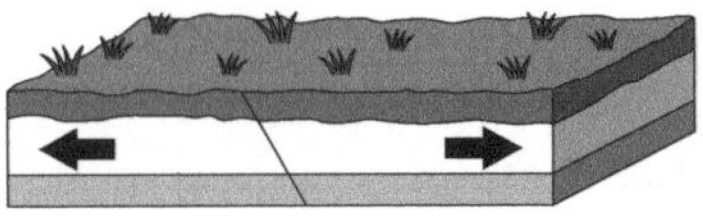

②

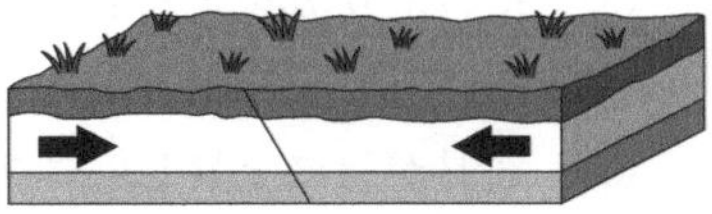

問３　下線部（３）について，（図３）の横ずれ断層（ａ），（ｂ）は，地盤《じばん》にどのような向きの力がはたらいたことでずれましたか。（図３）の①～④から２つずつ選び，それぞれ記号で答えなさい。ただし，は自分が立っている位置を示しています。

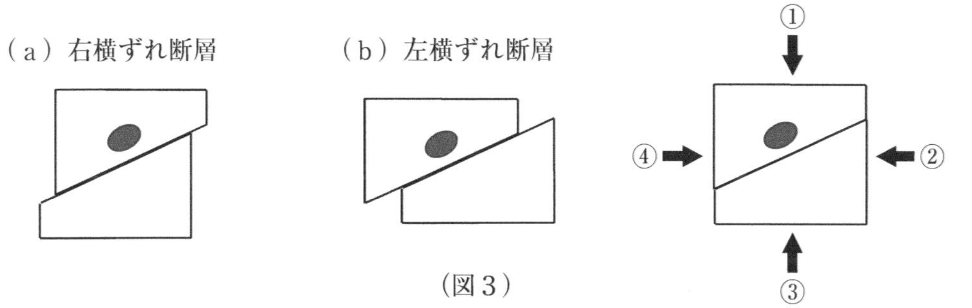

（図３）

問４　下線部（４）について，その理由として考えられることを，20字程度で答えなさい。

問５　下線部（５）について，この地方の2000万年より前にたい積した地層から，示準化石としてアンモナイトが発見されています。次の示準化石を時代の古い順に並べ，①～③の記号で答えなさい。

①　アンモナイト　　②　ビカリア　　③　サンヨウチュウ

問６　下線部（６）について，ケスタ地形のでき方を考えます。（図４）のしゅう曲構造がつくられたあと，（図４）中のアとイの部分が受ける力を述べた文として正しいものを，次の①～④から２つ選び，記号で答えなさい。

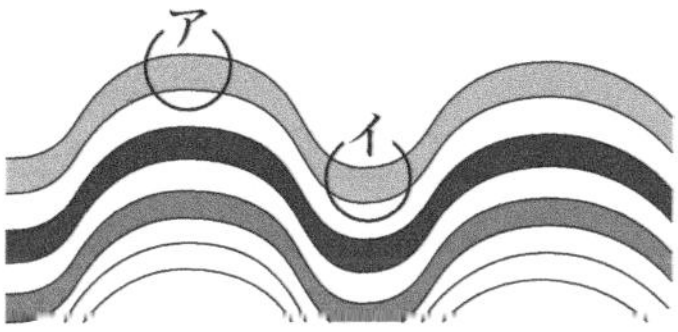

（図４）

①　アには，引っ張る力がはたらくことで多くの亀裂《きれつ》ができる。
②　アには，押《お》す力がはたらくことで地層がよりかたくなる。
③　イには，引っ張る力がはたらくことで多くの亀裂ができる。
④　イには，押す力がはたらくことで地層がよりかたくなる。

問７　（図２）のケスタ地形のＡとＢは，しゅう曲における背斜《はいしゃ》または向斜《こうしゃ》のいずれかです。組み合わせとして正しいものを，次の①～④から選び，記号で答えなさい。

①　Ａ：背斜　Ｂ：向斜　　②　Ａ：向斜　Ｂ：背斜
③　Ａ：向斜　Ｂ：向斜　　④　Ａ：背斜　Ｂ：背斜

（　余　白　）

（　余　白　）

2023年度　須磨学園中学校入学試験

国　語

第 3 回

（60分）

（注　意）

解答用紙は、この問題冊子の中央にはさんであります。まず、解答用紙を取り出して、受験番号シールを貼り、受験番号と名前を記入しなさい。

1．すべての問題を解答しなさい。

2．解答はすべて解答用紙に記入しなさい。

3．字数制限のある問題については、記号、句読点も１字と数えること。

4．試験終了《しゅうりょう》後、解答用紙のみ提出し、問題冊子は持ち帰りなさい。

※　設問の都合上、本文を一部変更している場合があります。

須磨学園中学校

2023(R5) 須磨学園中　第３回
教英出版

1　男性が誇《ほこ》らしげに自分たちの優秀さについて話をしているのを真っ向から否定すると、相手に嫌われてしまうと思ったから。

2　話を進めるためとは言え、そもそも優れた仕事は男性にしかできないという言い分は、「私」には納得できないことだから。

3　男性と女性がどちらが優秀かということまで、いちいち相手と議論をしていたら、話がなかなか先に進まないと思ったから。

4　外の世界では女性は長生きできないことに比べれば、男性と女性のどちらが優秀かなど、大した問題ではないと思ったから。

うな文体である。

2　1行目の「成績じゃなかった」は、口語表現を用いることで「私」の気持ちをありありと表現する工夫である。

3　2行目の「そんなもの」は、価値を下げるような意味合いで用いられている。

4　4行目の「変に」は「同僚や先輩たち」に対する批判的な思いを表している。

5　6行目の「選ばれて」に対応する主語は、女学園の生徒である。

6　7行目の「茹で卵のような」は、女性たちの肌《はだ》の白さを表している。

7　9行目の「花束のように」は、女性を男性視点で捉《とら》えた言葉である。

8　11行目の「そこでにこにこ笑っているのが仕事だよ」は、「老教官」が実際に発した言葉である。

二の設問

問一　〰〰線部a～dにおける本文中の意味として最も適当なものを、次の中から一つずつ選び、番号で答えなさい。

a　粒の揃った
1　似たような容姿や形質を持った
2　優れた人や良質なものが揃った
3　すべての能力や資質が平均的な
4　容貌《ようぼう》が美しく整っていてきれいな

b　ぽかんとしていた
1　衝撃を受けて動けないでいた
2　状況が理解できずに慌《あわ》てていた
3　あっけにとられてぼんやりとしていた
4　相手の真意がわからずばかにしていた

c　辛抱強く
1　つらさをよく我慢《がまん》して
2　長い時間をかけて

問三　「そういうことなのか」（――線部B）とは、どういうことですか。その説明として最も適当なものを次の中から一つ選び、番号で答えなさい。

1　「私」には、書類の処理や、事務連絡すら任せられず、身近な男性と親しくすることだけ求められていたのではないかと落胆《らくたん》している。
2　「私」が女性であるという理由から、職場ではまともな仕事をさせる必要などないと周囲から思われていたのではないかと憤《いきどお》っている。
3　女性である「私」の本当の仕事は、働くことではなく、身綺麗にして、男性のために尽《つ》くすことなのではないかと、自覚し始めている。
4　女性である「私」には大した仕事などなく、綺麗にして、男性たちを癒《いや》すことしか期待されていなかったのではないかと痛感している。

問四　「勲章」（――線部C）が本文中で意味するものについての説明として、最も適当なものを次の中から一つ選び、番号

二

次の文章は、川野芽生《かわのめぐみ》「卒業の終わり」の一節です。女性だけの女学園を卒業した「私」（雲雀草《ひばりくさ》）は、女性は二十五歳で亡くなってしまう外の世界で働き出します。これを読んで、後の設問に答えなさい。

お詫び
著作権上の都合により、文章は掲載しておりません。
ご不便をおかけし、誠に申し訳ございません。
教英出版

お詫び
著作権上の都合により、文章は掲載しておりません。
ご不便をおかけし、誠に申し訳ございません。
教英出版

注　アカデミー　…　学問の研究機関。ここでは、主人公とタカセが所属する職場である「工学アカデミー」を指す。

1 シュクシャ　2 キテイ
3 テイジ　4 ソ（って）
5 ダンペン　6 セ
7 ココロザシ

問九　------線部a〜cの対義語を後の1〜4から一つずつ選び、番号で答えなさい。

a 貧困
1 贅沢《ぜいたく》　2 豪華《ごうか》
3 裕福《ゆうふく》　4 蕩尽《とうじん》

b 抽象的
1 積極的　2 本質的
3 具体的　4 印象的

c 安易
1 高価　2 困難
3 複雑　4 苦役《くえき》

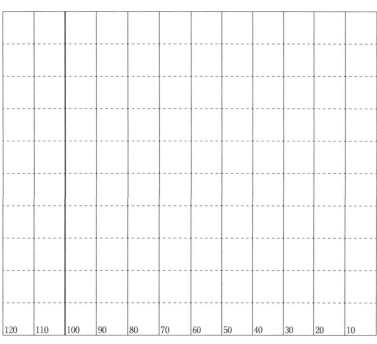

一の設問

問一　次の文を本文中に挿入《そうにゅう》するとき、最も適当な箇所《かしょ》を、本文中の（　１　）～（　４　）の中から一つ選び、番号で答えなさい。

手記の表紙には、漢字練習帳の写真が載《の》せられていました。

問二　「衝撃を受けた」（———線部A）とありますが、それはなぜですか。その理由の説明として最も適当なものを次の中から一つ選び、番号で答えなさい。

1　極貧の子供時代を送り、漢字を満足に書けない境遇《きょうぐう》にあったN・Nに同情していたから。

2　筆者が一九七一年にN・Nの手記である『無知の涙』を読む機会を得られたから。

3　困窮《こんきゅう》した家庭で育ち、それによって他者から偏見《へんけん》を持たれていたN・Nに共感したから。

4　筆者が今までに見知った中で、N・Nの事件は最も残忍《ざんにん》で

問五　「鯨はもう死んでいた」（———線部C）についての説明として最も適当なものを次の中から一つ選び、番号で答えなさい。

1　現代社会で仕事に就《つ》いている若者は仕方なく働いていて夢や希望をなくしているので、夢を抱《いだ》いていた昔の若者とは違《ちが》い、いつのまにか自分が生きている実感が得られなくなっているということ。

2　現代社会で差別を受けている若者が貧困の中で生きていくことは精神に大きな負荷《ふか》がかかるので、やむなく差別を受《う》け容《い》れていると、気づかぬうちに自らの心を病《や》んでしまうということ。

3　現代社会で働く若者はつまらない社会の中で単純な仕事をお金のために仕方なく続けるうちに、自分の本来の姿を見失ってしまい、社会の中での自分の存在価値に気づけなくなるということ。

4　現代社会で仕事をする若者が自由への意思や誇りを持って生きようとしながらも、会社に安い労働力としてこき使われるうちに、気づいたときには自分の生きる意味を見失っていたということ。

2023(R5) 須磨学園中　第3回
教英出版

一　次の文章は、見田《みた》宗介《むねすけ》「差別社会　若者を絶望させた」（二〇一七年発表）の記事である。これを読んで、後の設問に答えなさい。

一九六九年、市民四人を射殺した連続射殺犯として、一九歳《さい》の少年「N・N」が逮捕《たいほ》されます。永山則夫《ながやまのりお》さん（元死刑囚《しけいしゅう》＝九七年執行《しっこう》）です。ぼくがA衝撃《しょうげき》を受けたのは七一年、彼《かれ》の手記『無知の涙《なみだ》』を読んだときでした。（　１　）

N・Nは地方で極貧《ごくひん》の子供時代を送り、中卒で上京しています。（　２　）逮捕されたあとに字を覚えようとして何度も何度も字を書きつけたものです。

ぼくも子供時代にa貧困を体験し、大学時代は「学生スラム」注1とあだ名される1シュクシャにいた。N・Nの言葉に共鳴しました。また、読んでいくうちに「これでぼくが本来やりたかった仕事ができる」とも思いました。

学生時代のぼくは、集団や社会をb抽象的《ちゅうしょうてき》に概念《がいねん》2キテイしたり分類したりするだけの社会学をつまらないと感じていました。社会とは、一人一人の人間たちが野望とか絶望とか愛とか怒《いか》りとか孤独《こどく》とかを持って一回限りの生を生きている、その関係の絡《から》まり合い、ひしめき合いであるはずです。切れば血の出る社会学、

「ぼく」は鯨をほんの少しだけ、また少しだけと毎日食べていく。三分の一食べたところでひどいことだと気付いて謝《あやま》るのですが、C鯨はもう死んでいた。そのとき「ぼく」は、鯨は自分自身の精神であったということに気付く、という話です。

現代の情報産業、知的産業、営業部門などで働く若い人たちが、やむをえない必要に追われる中で「仕方無いよ」とつぶやきながら、自分の初心や夢や7ココロザシをちょっとずつちょっとずつすり減らし、食いつぶしている。そしていつか、自分が何のために生きているのか分からなくなってしまっている。

「まなざしの地獄」は文学なのか、社会学なのか、哲学《てつがく》なのか、と尋《たず》ねられてきました。

近代の知のシステム注4は「文学」とか「社会学」とかいう様々な分類、壁《かべ》を作って専門分化してきた。こういう壁は音を立てて崩《くず》れるときが来ると思っています。そのあとに現れる「人間学」のようなもの。その一環《いっかん》としてDこの仕事が読まれる時代が来るといいな、と思っています。

（見田宗介『差別社会 若者を絶望させた』
朝日新聞二〇一七年三月二十二日）

注1　スラム … 貧しい人たちが暮らす地域。

の最初の[注2]サンプルを[3]テイジするつもりで書きました。（　3　）

Ｎ・Ｎにとって都市は、若者の「安価な労働力」としての面には関心を寄せても、その人が自由への意思や誇《ほこ》りを持って生きようとする人間だという面には関心を寄せない場所でした。また社会には、出身や所属によってその人を差別し排除《はいじょ》する構造もありました。[B]「思う通りに理解されない」ことにＮ・Ｎは苦しみ、他者のまなざしに[4]ソって自らを変形させていきます。

あのときＮ・Ｎを　X　させたのは、彼の出身ではないと思います。　Y　させたのは、出身で差別する社会の構造です。

ぼく自身の体験を振《ふ》り返っても、貧しいこと自体より、「貧しい人間は○○だ」などと[注3]レッテルを貼《は》られることのほうがイヤだという感覚が強くあった。社会にあらかじめ用意されている[C]安易な理解の枠組《わくぐ》みにあてはめられ、それによってぼくという存在が理解されたかのように扱《あつか》われてしまう問題です。

「まなざしの地獄《じごく》」でぼくはＮ・Ｎの「精神の鯨《くじら》」とも呼ぶべき[5]ダンペンを紹介《しょうかい》しています。（　4　）彼が見た夢みたいな話です。

鯨の[6]セの上で大海を漂流《ひょうりゅう》している「ぼく」は、飢《う》えて鯨に「君を食べていいかい」と聞きます。鯨は「仕方無いよ」と答え、

注4　システム　…　多くの物事や一連の動きを秩序《ちつじょ》立てた全体的なまとまり。

問三　「思う通りに理解されない」（――線部B）とありますが、どういうことですか。その説明として最も適当なものを次の中から一つ選び、番号で答えなさい。

1　自分の特技や技能がかえりみられず、出自や所属によって能力が見限られてしまい大した仕事が与えられないこと。

2　自分の理解してほしいと思う姿とは異なり、貧乏《びんぼう》な家庭で育ったことに対する哀《あわ》れみや同情を強調されること。

3　自分の出身や所属によって差別され、自分の精神性への考《こう》慮《りょ》がなされず安価な労働力として使い捨てられること。

4　自分の個性が尊重されず、都市部に生活する貧困層出身の集団の中のひとりとして、他人との違いが認知《にんち》されていないこと。

問四　X・Y には同じ語が入ります。入る語として最も適当なものを本文中から抜《ぬ》き出しなさい。

設問は、裏面に続きます。

問六　「この仕事」（――線部D）について、

（i）　本文は筆者による「この仕事」の解説です。「この仕事」に該当する著書のタイトルは何ですか。本文中から一〇字以内で抜き出しなさい。

（ii）「この仕事」とはどういうものですか。本文全体の内容をふまえて、一〇〇字以上一二〇字以内で説明しなさい（句読点も一字と数えます。なお、採点は、どういう書かれ方をしているかについても見ます）。

問七　本文における表現の特徴《とくちょう》として**適当でないものを、すべて**選び、番号で答えなさい。

1　2行目の「N・N」と表記したのは、過去の事件に関して、個人情報に配慮《はいりょ》しようとする意図である。

2　6行目の「何度も何度も」は、字を覚えようとする「N・N」の苦労を印象づける表現の工夫である。

3　8行目の「学生スラム」は、大学生の頃の筆者が過ごした貧しい生活環境《かんきょう》を表している。

4　16行目の「切れば血の出る社会学」とは、筆者が血のにじむような思いで研究したことを表している。

5　25行目の「自らを変形させていきます」は、「N・N」の雰囲気《ふんいき》が以前と変わったことを明示している。

6　33行目の「理解されたかのように」は、実際の筆者の自己認識とは異なることを遠まわしに表している。

7　37行目の「ぼく」は、筆者自身の「ぼく」ではなく、他の作品からの引用であることを示している。

8　52行目の「人間学」の「　　」は、現代に至って、高度に専門化された学問であることを意味している。

お詫び

著作権上の都合により、文章は掲載しておりません。
ご不便をおかけし、誠に申し訳ございません。

教英出版

d　突っかかってくる

1　立ち向かって争いをしかける

2　機嫌《きげん》が悪く攻撃《こうげき》的である

3　疑問が多くなんでも知りたがる

4　無理に自分の主張を通そうとする

問二　「違和感を覚えていた」（――線部Ａ）とありますが、それはなぜですか。その理由の説明として最も適当なものを次の中から一つ選び、番号で答えなさい。

1　女学園の成績は関係なく、自分が数多くいる女性の中の、平凡な一人でしかないと思ったから。

2　女学園にいた女性は皆個性的だったのに、職場の女性は誰もが同じような見た目ばかりだから。

3　美しい女性の少なかった女学園に比べ、職場の女性は皆整った容姿をしているように感じたから。

4　職場の同僚や先輩たちの似たような雰囲気に対し、自然のものではない、奇妙さを感じたから。

1　男性たちの中で切磋琢磨《せっさたくま》して、最も優秀な男性に与えられる名誉《めいよ》。

2　男性社会の中で、他の男性より自分が優秀であることを示す証明。

3　美しい女性たちを、思い通りに従わせることができる男性の権力。

4　優秀になるための男性の努力と引き換《か》えに付き合える美しい女性。

設問は、裏面に続きます。

問五　「彼は言葉を濁した」（――線部D）とありますが、それはなぜですか。その理由の説明として最も適当なものを次の中から一つ選び、番号で答えなさい。

1　懸命に勉強した理由が可愛い女性に出会うためだったというのはあまりに露骨《ろこつ》であり、好意を持った女性の前で認めるのが気恥《きは》ずかしかったから。

2　可愛い女の子に出会うために一生懸命勉強してアカデミーに入ったことを「私」に知られてしまうと、「私」の気分を損ねてしまうと思ったから。

3　勉強とは自分自身のためにするものなのに、可愛い女性に出会うためだったのかと「私」に問われ、返す言葉が見つからず困惑《こんわく》してしまったから。

4　一生懸命勉強したのは可愛い女の子に出会うためではないかと「私」に問われた内容がまさに図星で、なんとか話題を変えようと悩《なや》んでいたから。

問六　「百歩譲って」（――線部E）とありますが、なぜ「私」はそのような言い方をしたのですか。その理由の説明として

問七　「生きていたよ。／あなたたちなんていなくても。私たちだけで」（――線部F）についての説明として適当なものを次の中から二つ選び、番号で答えなさい。

1　女学園から出たら女性は死んでしまうというのは、男性に比べて、不公平である。

2　男性が一緒《いっしょ》でないと女性は生きられないというのは、男性の思い込みに過ぎない。

3　男性たちのいないところで、女性たちは、自分たちの人生を存分に楽しんできた。

4　女性を見た目だけで判断するような浅はかな男性は、この世界にいない方が良い。

5　女性たちも、男性たちと同じような幸せをこれまでの歴史において享受《きょうじゅ》してきた。

6　女学園から出ない人生の選択も存在しうることを、優れた男性たちに認めてほしい。

問八　本文における表現の特徴の説明として適当なものを次の中からすべて選び、番号で答えなさい。

2023年度　須磨学園中学校入学試験

算　　数

第 3 回

（60分）

（注　意）

解答用紙は、この問題冊子の中央にはさんであります。まず、解答用紙を取り出して、受験番号シールを貼り、受験番号と名前を記入しなさい。

1．すべての問題を解答しなさい。

2．解答はすべて解答用紙に記入しなさい。

3．試験終了《しゅうりょう》後、解答用紙のみ提出し、問題冊子は持ち帰りなさい。

須磨学園中学校

1 次の $\square$ に当てはまる数を答えなさい。

(1) $(12-7\times1+2)-(14+10-2\times6-3)\div\{(1+2+3)\div2\}=\square$

(2) $2\frac{2}{5}\times\frac{7}{18}\times7.5\div3\frac{1}{9}+2\frac{9}{13}\div1\frac{5}{11}\times1.3\div1.375=\square$

(3) $63\times9-17\times15+100\times6+37\times9-15\times61=\square$

(4) 3週間2日12時間5分21秒－2週間6日12時間11分9秒＋40時間57分48秒

－4日16時間34分80秒＝ $\square$ 秒

(5) $\dfrac{9\times3-9}{\left(\square-9\right)\div3}\times\dfrac{1+2}{1+2+3+3+4+5}=1$

2 へ続く

計算欄《らん》（ここに記入した内容は採点されません）

2 次の□に当てはまる数を答えなさい。

(1) 太郎《たろう》君は10,000円を持って，すき焼きの材料を買いに行きました。まず八百屋でネギと白菜とシイタケを合計630円分買いました。次に豆腐《とうふ》屋で豆腐と卵を合計450円分買いました。次にスーパーマーケットで調味料などを合計1,080円分買いました。
最後に肉屋で100 g あたり税込《ぜいこ》み880円の牛肉を□g 買ったところ，残金は2,560円となりました。

(2) 下の図において，角アの大きさは□度です。
ただし，五角形 ABCDE は正五角形とします。

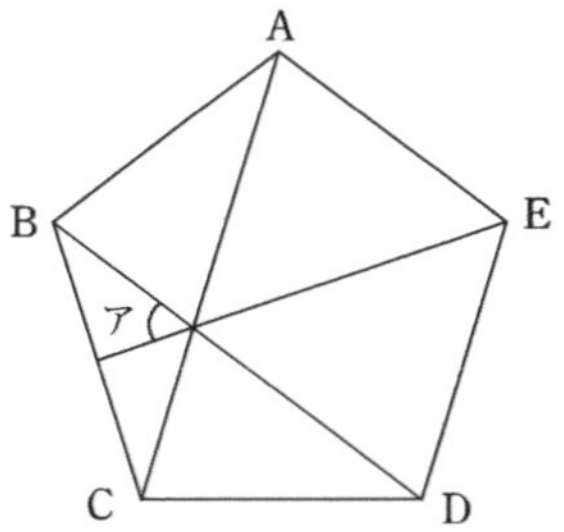

(3) 容量が1500 L のプールに2つの注水ポンプ A，B と，1つの排水《はいすい》ポンプ C が取り付けられています。A と C を同時に動かすとプールは5時間で空から満水になり，B と C を同時に動かすとプールは10時間で満水から空になります。
C の排水能力が毎時400 L のとき，A と B と C を同時に動かすとプールは□時間で空から満水になります。

(4) 右の図形を直線アを回転の軸《じく》として
回転してできる立体の表面積は□cm^2です。
ただし，角 A ～ D はすべて90°で，
AB ＝ CD ＝ 2 cm，BC ＝ 1.5 cm
DE ＝ 3 cm，EF ＝ 5 cm，FA ＝ 1.5 cm
円周率は3.14とします。

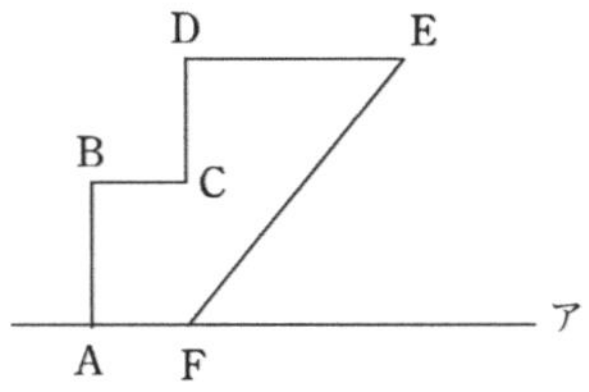

2 の(5)以降の問題は，5ページに続く

計算欄《らん》（ここに記入した内容は採点されません）

2

(5)　太郎《たろう》君は庭の池に水を入れることにしました。0 時～12 時は水を出し，12 時 ～ 24 時は水を止めました。水位は水を出している間は 1 時間に 3 cm 高くなり，水を止めている間は 1 時間に 1 cm 低くなります。
ある日の 0 時に水を入れ始めて，[　　　]時間後に初めて水位が 100 cm になります。ただし，水を入れ始めた時の水位は 0 cm とします。

(6)　右の図において，AB ＝ 5 cm，BC ＝ 3 cm，AC ＝ 4 cm のとき，辺 AF の長さは[　　　]cm です。

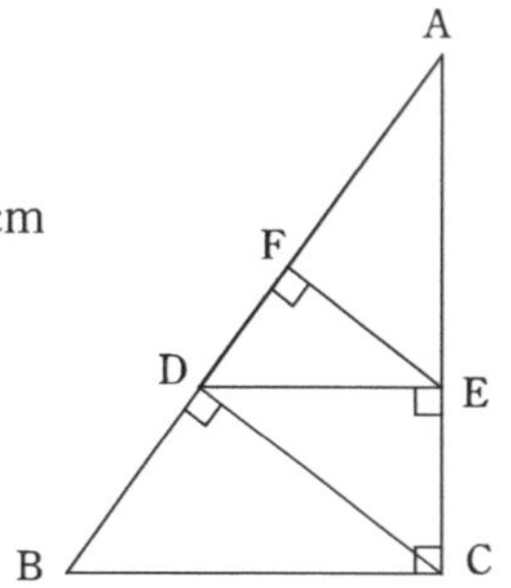

(7)　$\langle a \rangle$ は a を 3 で割った余りと 4 で割った余りの大きい方とします。
例えば，$\langle 7 \rangle = 3$，$\langle 8 \rangle = 2$，$\langle 13 \rangle = 1$ となります。
このとき
$\langle 1 \rangle + \langle 2 \rangle + \langle 3 \rangle + \cdot \cdot \cdot \cdot + \langle 2021 \rangle + \langle 2022 \rangle =$ [　　　] となります。

(8)　下の図において，2 つの円の中心は同じ点で，小さい方の円と大きい方の円の半径はそれぞれ 4 cm，6 cm です。円と円の間にある四角形 ABCD は正方形で小さい方の円に接しています。また，AE，CF は直線です。
このとき，斜線《しゃせん》部の面積は[　　　] cm^2 です。ただし，円周率は 3.14 とします。

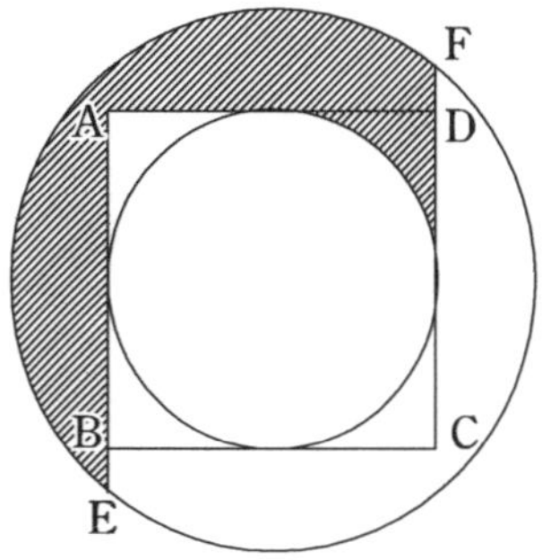

3 へ続く

計算欄《らん》（ここに記入した内容は採点されません）

3 下の図のように，長針が 12，短針が 4 を指している円盤《えんばん》があります。
この円盤は，一般《いっぱん》的な時計とは異なり，長針は 2 時間で，短針は 6 時間で，一周します。また長針，短針ともに進む向きは右回りで速さは一定です。
図の状態からこの円盤の針を動かし始めました。

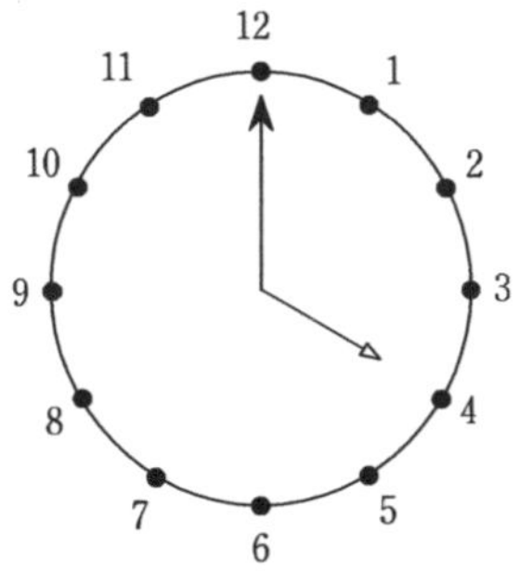

(1) 図の状態から 40 分後になったとき，この円盤の長針と短針とでできる小さい方の角の大きさは何度になるか答えなさい。

(2) 図の状態から 1 時間後から 2 時間後までで，この円盤の長針と短針とでできる角が直角になるのは，図の状態から 1 時間何分後か答えなさい。

図の状態から，12 時間が経過しました。

(3) この円盤の長針と短針とでできる角が直角になったのは，何回あったか答えなさい。また，考え方も答えなさい。

(4) この円盤の長針と短針とでできる角が直角になるときの長針と短針の位置の組み合わせは全部で何通りあるか答えなさい。

4 へ続く

計算欄《らん》（ここに記入した内容は採点されません）

4 下の図１のような４×４のマス目でリバーシをします。

リバーシとは，表と裏を白と黒で塗《ぬ》り分けたコマを使い，相手の色のコマを自分のコマでタテ，ヨコ，ナナメに挟《はさ》んでひっくり返すゲームです。コマは必ず，相手の色のコマをひっくり返せるように置かなければなりません。

ゲームの開始時は図１のように４つのコマが配置されています。

先手の太郎《たろう》君が黒で，後手の次郎《じろう》君が白でゲームが始まりました。１手目が太郎君，２手目が次郎君，３手目が太郎君と交互《こうご》にコマを置いていきます。

図１

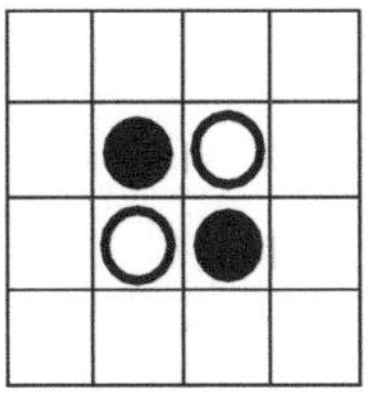

図２

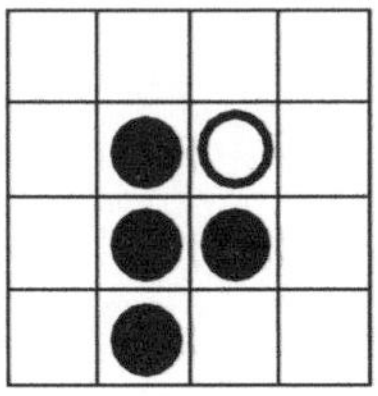

図３

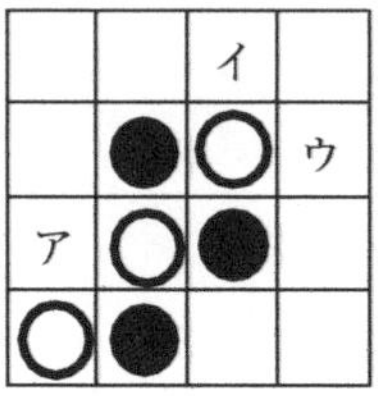

(1)　１手目で太郎君がコマを置ける場所は何か所あるか答えなさい。

(2)　１手目を図２のように置いた場合，２手目の次郎君がコマを置ける場所は何か所あるか答えなさい。

(3)　２手目までで図３のようになりました。４手目終了《しゅうりょう》時に必ず白のコマの方が多くなるのは，太郎君が３手目を図３のア～ウのどこにコマを置くときか答えなさい。

(4)　４手目終了時に必ず白のコマの方が多くなるような３手目までのコマの置き方は全部で何通りあるか答えなさい。

5 へ続く

計算欄《らん》（ここに記入した内容は採点されません）

5 半径 4 cm，中心角 90° の扇《おうぎ》形 OAB があります。この扇形を，右の図のように辺 OA が直線 ℓ に重なった位置に置きます。
ただし，円周率は 3.14 とします。

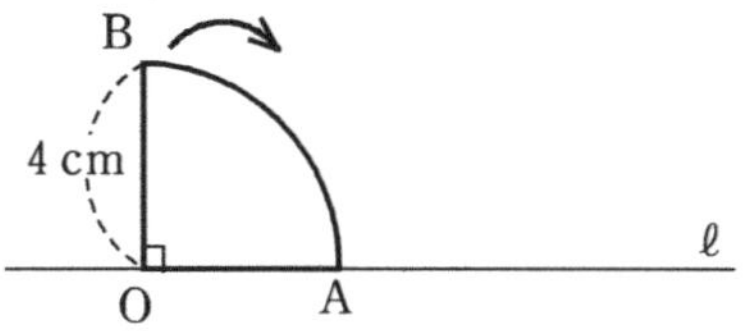

(1) 辺 OB が直線 ℓ に初めて重なるまで，扇形 OAB を直線 ℓ 上をすべらないように矢印の向きに回転させます。点 O が動いてできる線の長さを答えなさい。

正方形 PQRS があります。P と O が重なるように辺 OA を辺 PS 上に置きます。また扇形 OAB は下の図のように正方形 PQRS の外側をすべらないように時計回りに一周します。

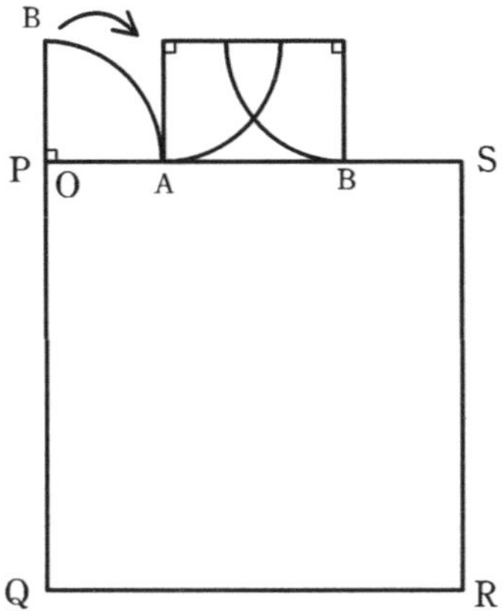

(2) 正方形 PQRS の 1 辺の長さを 14.28 cm とします。扇形 OAB が正方形 PQRS を一周し，点 O と点 P が一致《いっち》したとき，点 O が動いてできる線の長さを答えなさい。

(3) 正方形 PQRS の 1 辺の長さを 7.14 cm とします。扇形 OAB が正方形 PQRS を一周し，点 O と点 P が一致したとき，点 O が動いてできる線の長さを答えなさい。

(4) 正方形 PQRS の 1 辺の長さを 7.14 cm とします。扇形 OAB が正方形 PQRS を一周し，点 O と点 P が一致したとき，点 O が動いてできる線と正方形で囲まれた部分の面積を答えなさい。

2023年度　須磨学園中学校入学試験

理　　科

第 3 回

（60分）

（注　意）

解答用紙は、この問題冊子の中央にはさんであります。まず、解答用紙を取り出して、受験番号シールを貼り、受験番号と名前を記入しなさい。

1．すべての問題を解答しなさい。

2．解答はすべて解答用紙に記入しなさい。

3．試験終了《しゅうりょう》後、解答用紙のみ提出し、問題冊子は持ち帰りなさい。

須磨学園中学校

1　各問いに答えなさい。

動物の眼《め》は光を受け取り，その情報を脳に伝える役割をしています。情報を受け取った脳は，ものの明るさや形，色を感じ取ります。（図１）はヒトの右眼《みぎめ》を地面と平行に切り，断面を上から見たものです。光は，眼の外側から，角《かく》まく，レンズ，ガラス体を通り網《もう》まくで受け取られます。網まくには，「視細胞《しさいぼう》」というとても小さな構造があります。視細胞は片眼の網まくに約１億2000万個あり，この中に光を受け取ることができる「ロドプシン」という物質が含《ふく》まれています。ロドプシンが光を受け取ると，その情報が視細胞から「視神経」へと渡《わた》され，束になった視神経によって眼から脳へと伝えられます。

ヒトの眼は，明るいところでも暗いところでもものを見ることができるように，あらゆるしくみをそなえています。<u>その１つは目に入る光の量を調節するというものです</u>。

また，別のしくみとして，視細胞内に存在するロドプシンの量の変化があります。（図２）はロドプシンが光を受け取ったときに起こる変化を表したものです。ロドプシンは光を受け取ると一部分の形が変わって，活性型ロドプシンになります（矢印Ａ）。この活性型ロドプシンが視細胞内にできあがると，視神経は脳へと情報を伝えます。活性型ロドプシンは自動的にすばやく分解し（矢印Ｂ），その後ロドプシンが再び合成される反応がおこなわれます（矢印Ｃ）。ロドプシンが活性型ロドプシンになる反応は明るいほど速く進みますが，ロドプシンが再び合成される反応の速さは常に一定で明るさによる影響《えいきょう》を受けません。

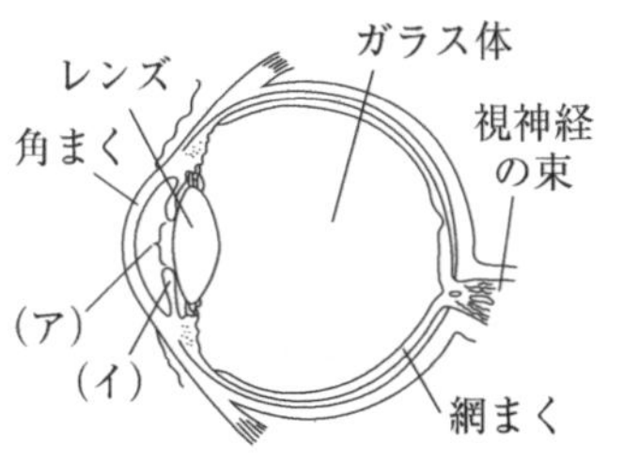

（図１）

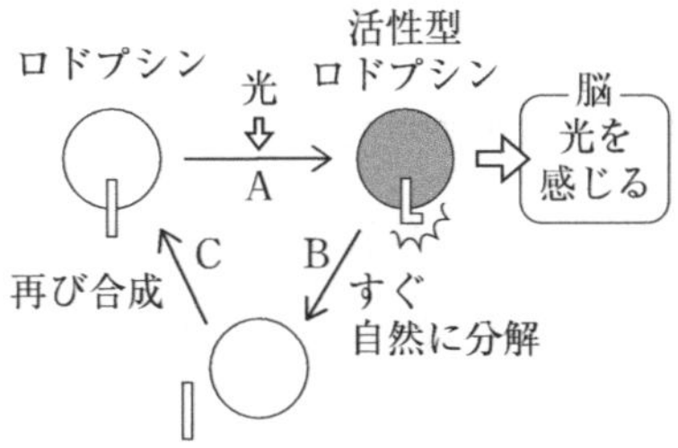

（図２）

問１　動物の眼について述べた次の①～④の文について，正しければ○，間違《まちが》っていれば×をそれぞれ答えなさい。

①　肉食のほ乳類の眼は顔の前側についており，立体的に見ることができる範囲《はんい》が広いので，えものを追いかけてとらえることに向いている。

②　草食のほ乳類の眼は顔の横側についており，周囲を広い範囲で見渡《みわた》せるので，肉食動物を見つけやすく身を守ることに向いている。

③　昆虫《こんちゅう》の複眼は，１つ１つの個眼がそれぞれ全体像をうつすしくみになっているので，わずかな光でもびん感に受け取ることができる。

④　トンボのなかまには，頭に２つの複眼が，はらに３つの単眼があるので，からだの上側や後ろ側からの光も感じ取ることができる。

問２　眼のように，外の世界の情報を受け取る器官を何といいますか。

問３　（図１）中の（ア），（イ）にあてはまる語句として適切なものをそれぞれ答えなさい。

問４　（図１）について，右耳があるのは図の上側か下側どちらですか。また，光が入るのは図の左側からか右側からかどちらですか。適切な組み合わせを次の①～④より１つ選び，記号で答えなさい。

	耳	光		耳	光		耳	光		耳	光
①	上側	左側	②	上側	右側	③	下側	左側	④	下側	右側

問５　１つの眼から脳へ伸《の》びている視神経の本数は約120万本であることが知られています。これをふまえて，次の（ａ）～（ｃ）の場合，１本の視神経は平均で何個の視細胞から情報を受け取っていることになるかを計算し，それぞれ答えなさい。なお，光の情報を視神経に渡《わた》していない視細胞は存在しないものとします。

（ａ）すべての視細胞が１個につき１本の視神経にのみ光の情報を渡している場合
（ｂ）すべての視細胞が１個につき10本の視神経に光の情報を渡している場合
（ｃ）50 %の視細胞が１個につき30本の視神経に，40 %の視細胞が１個につき20本の視神経に，10 %の視細胞が１個につき10本の視神経に，光の情報を渡している場合

問６　下線部について，周囲が明るくなったとき，（図１）の（ア）の大きさの変化として適切なものを，次の①～③より１つ選び，記号で答えなさい。

①　大きくなる　　　②　小さくなる　　　③　変化しない

問７　明るさと視細胞内に存在しているロドプシンの量（活性型ロドプシンを除く）の関係を表したグラフとしてもっとも適切なものを次の①～⑥より１つ選び，記号で答えなさい。

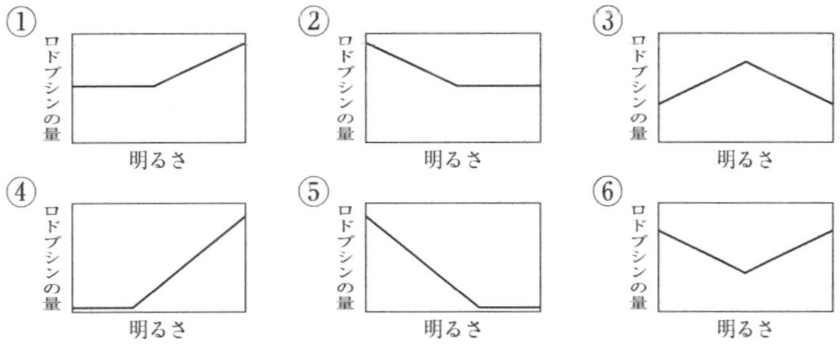

問８　暗い部屋から明るい部屋に入ると，最初はまぶしくてあまりよく見えないのに，だんだんと見えやすくなってきて，やがて同じ明るさを感じ続ける状態になります。これを私たちは“明るさに目がなれる”と表現します。明るさに目がなれていくとき，視細胞中のロドプシン（活性型ロドプシンを除く）の量はどのように変化しているかを考え，解答らんの選択肢《せんたくし》から１つ選んで○をつけなさい。また，どうしてそのようになるのかを「矢印Ａ」と「矢印Ｃ」を用いて30字以内で答えなさい。

2 各問いに答えなさい。

物質は「原子」と呼ばれる非常に小さい粒子《りゅうし》からできています。原子は約120種類あり，その中には，2016年に森田浩介《こうすけ》らによって発表された（　ア　）があります。原子には，（表１）のように，ひとつひとつ固有の名前とアルファベットが決められています。

原子を組み合わせることで非常に多くの種類の物質を作ることができます。これは，複数の原子が，お互《たが》いの「手」を出し合って結びつくからです。（表１）に，それぞれの原子から出ている手の本数を表しました。物質を作る場合，基本的に，すべての原子の，すべての手を使うことになります。このため，手が余ることはありません。

例えば，水素という物質は，水素原子２個からなり，（図１）のように，互いの手を取り合うことで結びつきます。このような結びつきを「単結合」といいます。また，酸素という物質は，酸素原子２個からなり，（図２）のように結びつき，このような結びつきを「二重結合」といいます。

炭素原子３個，水素原子８個からなる物質には，（図３－A）～（図３－C）のように３種類の結びつきの方法があるように見えます。しかし，いずれの結びつきも炭素原子３個を矢印の方向に一《ひと》続きでなぞることができるため，すべて同じ物質とみなします。したがって，炭素原子３個，水素原子８個からなる物質は，１種類しかないことになります。同じように考えると，炭素原子４個，水素原子10個からなる物質には，（図４）のように２種類あることがわかります。

（表１）

原子の名前	アルファベット	手の本数
水素原子	H	1
炭素原子	C	4
酸素原子	O	2
ちっ素原子	N	3

（図１）

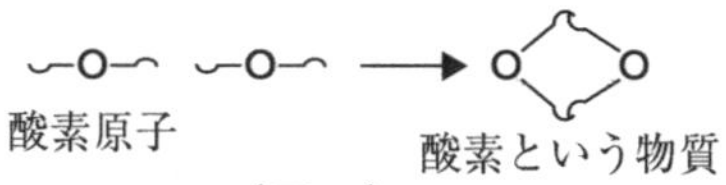

（図２）

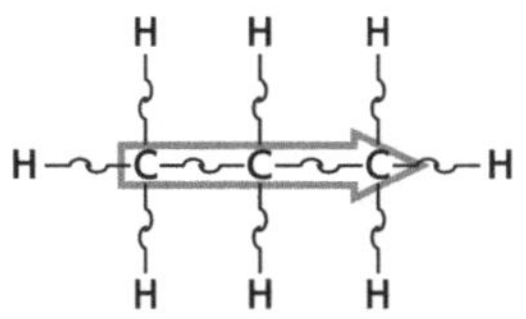
（図３－A）

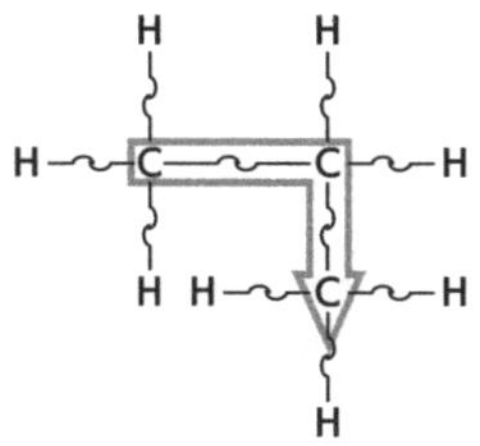
（図３－B）

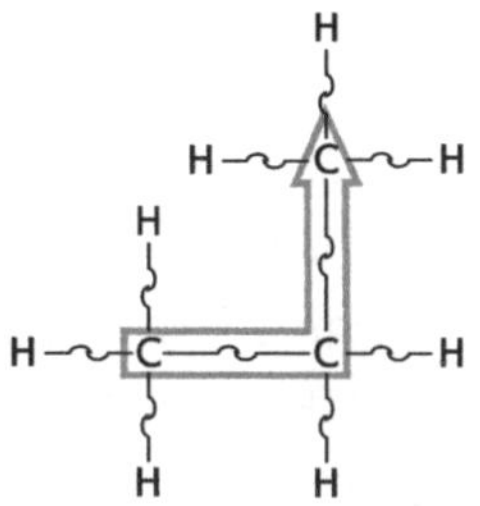
（図３－C）

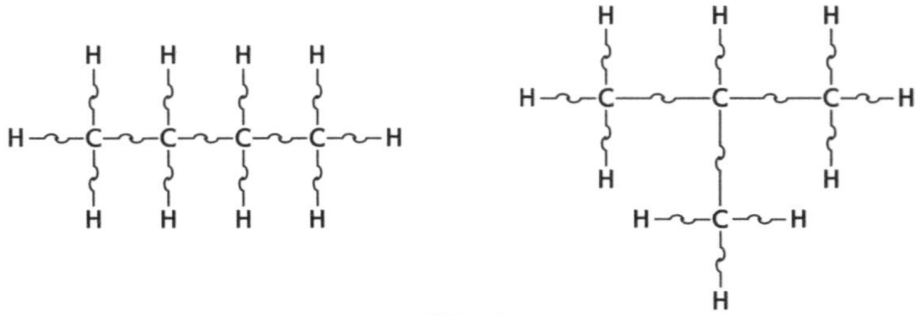

（図４）

問１　空らん（　ア　）にあてはまる語句を答えなさい。

問２　水は，水素原子２個と酸素原子１個からなる物質です。どのように結びついていると考えられますか。（図１）や（図２）にしたがって描《か》きなさい。

問３　（表２）は，①～④の物質が，どのような原子からできているかを表したものです。物質中に二重結合をもつものを①～④よりすべて選び，記号で答えなさい。

（表２）

物質	水素原子	炭素原子	酸素原子	ちっ素原子
①　メタン	４個	１個	０個	０個
②　アンモニア	３個	０個	０個	１個
③　二酸化炭素	０個	１個	２個	０個
④　過酸化水素	２個	０個	２個	０個

問４　（表２）の物質①～④のうち，物質中にもつ単結合の数が等しいものをすべて選び，①～④の記号で答えなさい。

問５　炭素原子５個，水素原子12個からなる物質は全部で何種類あるか答えなさい。

問６　炭素原子100個が単結合のみで横につながった物質があります。この物質には最大で何個の水素原子を結びつけることができますか。ただし，この物質は炭素原子と水素原子のみからなる物質とします。

3 各問いに答えなさい。ただし，数字で答える場合，分数や小数を用いてかまいません。

文化祭に向けて映画の上映準備をしている《かずま》は，崖《がけ》の上から車を落下させるシーンを撮影《さつえい》しようとしています（図１）。実際の車で撮影を行うのはたいへんなので，車も崖も背景も，実際の16分の１の大きさの模型《もけい》を用いて落下シーンを再現しようとしました。同級生の《そのこ》に撮影した動画を見せたら「うまく撮《と》れているけれど，これは小さい模型を用いて撮影しているよね。」と言われ，模型を使った撮影であることがばれてしまいました。

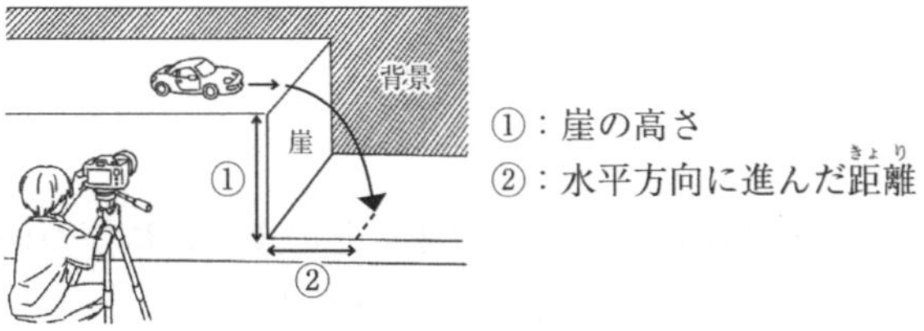

（図１）

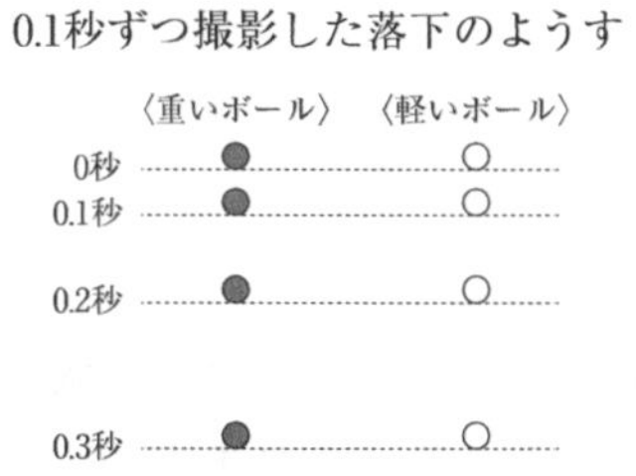

（図２）

かずま：「どうして模型を使って撮影したことがわかったんだい？」
そのこ：「落下の動きが変だと感じたのよ。」
かずま：「模型の車が軽かったからかな？」
そのこ：「車の重さは関係ないと思うよ。空気のないところで，重いボールと軽いボールを同時に落とした写真がこの本にのっているよ。ほら見て。（図２）のように，まったく同じ落下のしかたをしているよ。」
かずま：「本当だね！でも，羽毛と鉄球を落としたら，軽い羽毛のほうがゆっくり落ちると思うけど…。」
そのこ：「それは羽毛にかかる（　ア　）が大きいからじゃない？。実験してみよう。」
そのこ：「実験をしてみたけど，羽毛のほうがゆっくりふわふわと落下したね。これに対して，空気がないところでは物の落下時間は（　イ　）ね。」
かずま：「そういえばこの前，『SG星』を舞台《ぶたい》にした映画を見たよ。SG星は，重力が地球の４倍もある星という設定だったよ。」
そのこ：「SG星で同じように車を落下させたら，どうなるのかしら。」
先　生：「おやおやきみたち，おもしろいことを考えているね。まずは，地球で崖から本物の車を落下させたとき，どんな動きになるかを分かっておく必要があるね。次の（表１）を見てごらん。これは，さまざまな高さの崖の上から同じ速さで車が飛び出した時の落下の様子を記録したものだよ。今回は，（　ア　）は無視して考えよう。」

（表１）地球での落下の動きの記録

崖の高さ	5 m	20 m	45 m	80 m	125 m	180 m	245 m	320 m
落下にかかった時間	1秒	2秒	3秒	4秒	5秒	6秒	7秒	8秒
水平方向に進んだ距離	10 m	20 m	30 m	40 m	50 m	60 m	70 m	80 m

問八

1	2	3

4	5	6
（って）		

7

問九

a	b	c

※

二

（※の欄には、何も記入してはいけません）

問一

a	b	c	d

問二

問三

問四

問五

問六

問七

問八

※

※

※150点満点
（配点非公表）

2023SUMAJ0310

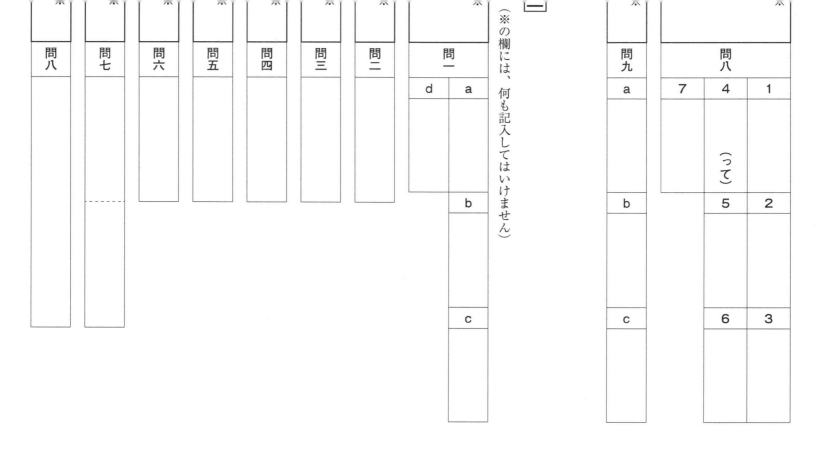

答え
回

(4)
通り

4

(1)	(2)	(3)	(4)
か所	か所		通り

※

5

(1)	(2)	(3)	(4)
cm	cm	cm	cm^2

※

※

※150点満点
（配点非公表）

問1		問2	
問3	倍	問6	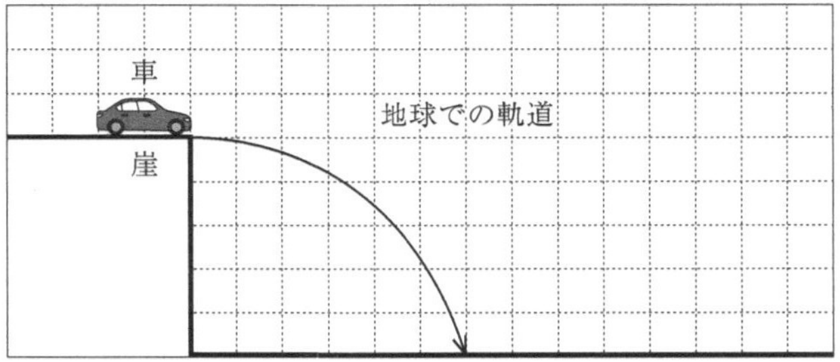
問4			
問5			
問7	(オ)		
	(カ)		

※

4

問1										

問2	

問3	(a) 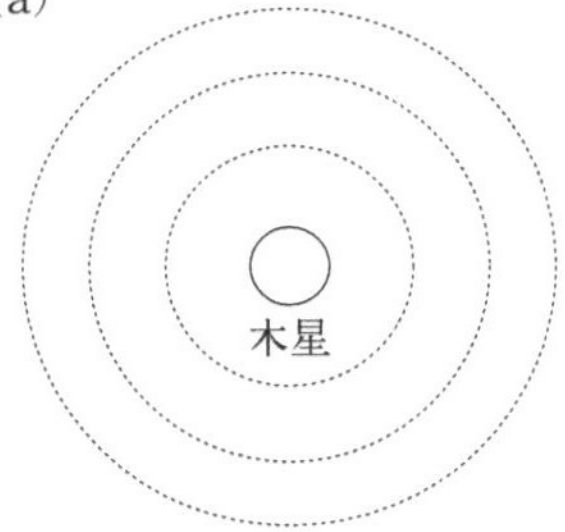	(b) 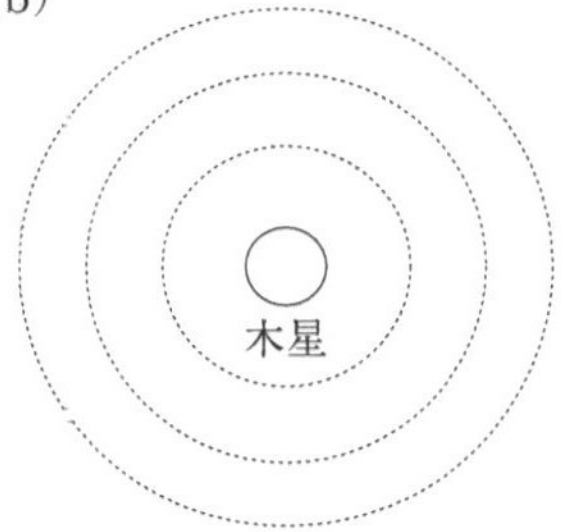

問4	(a)				
	(b)	時間帯		形	
	(c)	か月後			

※

※

※150点満点
（配点非公表）

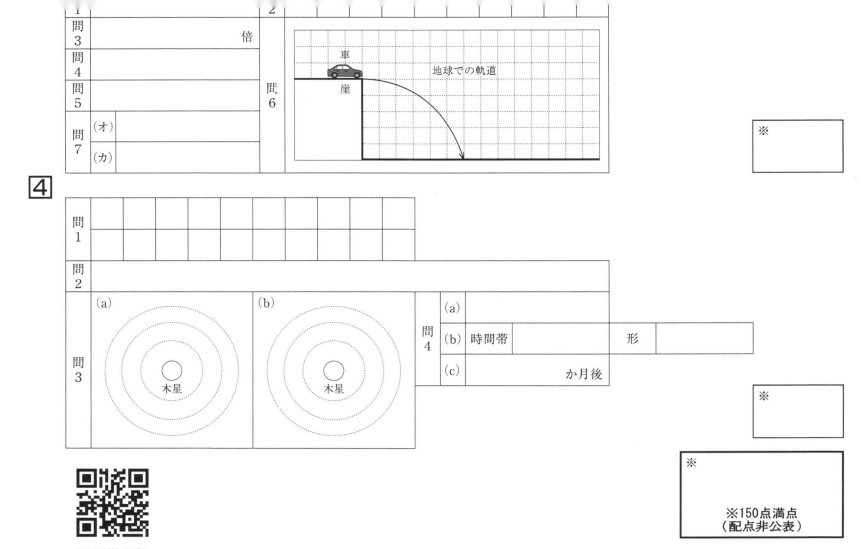

↓ここにシールを貼ってください↓

受験番号

名前	

２０２３年度　須磨学園中学校　第３回入学試験解答用紙　理科

（※の欄《らん》には、何も記入してはいけません）

1

問1	①		②		③		④	
問2		問3	(ア)		(イ)			
問4		問5	(a)	個	(b)	個	(c)	個
問6		問7						
問8	増えていく・変わらない・減っていく	理由						

※

2

問1		問2	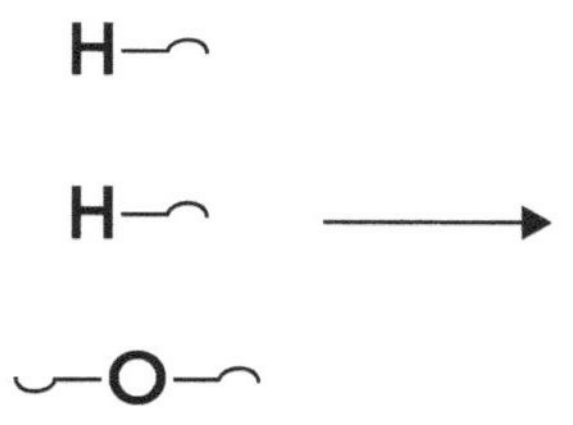
問3			
問4			
問5	種類		
問6	個		

※

【解答

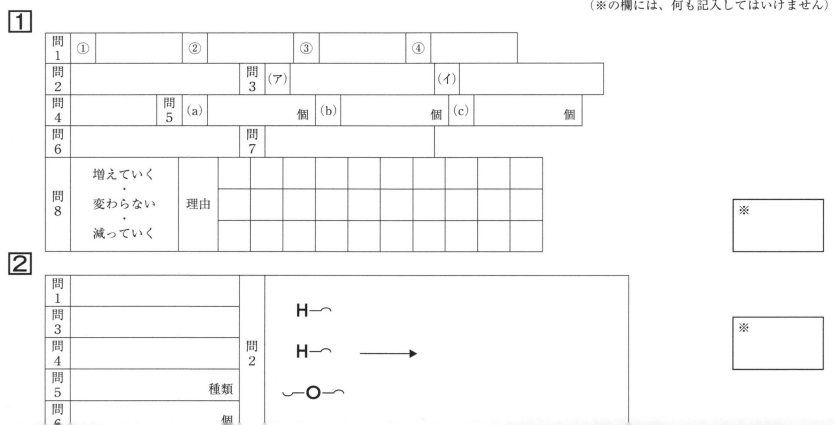

↓ここにシールを貼ってください↓

受験番号

名前	

２０２３年度　須磨学園中学校　第３回入学試験解答用紙　算数

（※の欄《らん》には、何も記入してはいけません）

1

(1)	(2)	(3)	(4)	(5)
			秒	

※

2

(1)	(2)	(3)	(4)
g	度	時間	cm^2
(5)	(6)	(7)	(8)
時間後	cm		cm^2

※

3

(1)	(2)
度	１時間　　分後

(3)

※

【解答

↓ここにシールを貼ってください↓

受験番号

名前	

２０２３年度　須磨学園中学校　第３回入学試験解答用紙　国語

一

（※の欄《らん》には、何も記入してはいけません）

※	※	※	※	※
問一	問三	問五	問六	問七
			i	
問二	問四		ii	

10 20 40 60 80 100 120

【解答

そのこ：「(1) 崖《がけ》の高さが変わったときの落下のようすがよくわかるね。」

かずま：「本当だね。この結果から，もし崖の高さが500 mだったら，車は崖から水平方向に（　ウ　）m離《はな》れた位置に落ちると予想できるね。」

先　生：「次に，もしSG星で同じ実験を行った場合をシミュレーションしてみたら，次の（表２）のようになるよ。こちらも（　ア　）は無視しているよ。」

（表２）SG星での落下の動きの記録

崖の高さ	20 m	80 m	180 m	320 m	500 m	720 m	980 m	1280 m
落下にかかった時間	１秒	２秒	３秒	４秒	５秒	６秒	７秒	８秒
水平方向に進んだ距離	10 m	20 m	30 m	40 m	50 m	60 m	70 m	80 m

かずま:「重力が大きくなると，ずいぶん落下までの時間が短くなりますね。」

そのこ:「本当だね。重力が４倍のSG星では，同じ高さの崖を落下する時間が地球に比べて（　エ　）倍になるね。」

先　生：「よく気付いたね。それをヒントに映画のことを考え直してみたらどうだい？」

そのこ：「もし，重力を変えることができれば，小さい模型で撮影しても本物のように見えるのかな。」

かずま：「でも，重力を変えるのは難しいしな。」

そのこ：「そうだ！落下する時間を変えて見せたいなら，撮影した動画の再生速度を変えてみるのはどうだろう。」

かずま：「なるほど，その発想はなかったな。（表１）を見ると，崖の高さと落下時間の関係がわかったよ。今回は模型が16分の１の大きさだから，実際の崖に比べて落下時間は（　オ　）分の１になるね。だから，録画した映像を（　カ　）倍速で再生したら，より本物らしく見えるね！」

問１　空らん（　ア　）にあてはまるもっとも適切な語句を，次の①～④より１つ選び記号で答えなさい。

①　磁石の力　　②　静電気の力　　③　空気の抵抗《ていこう》　　④　重力

問２　空らん（　イ　）にあてはまる説明を「重さ」または「重い」という言葉を用いて10字以内で答えなさい。

問３　下線部（1）について，崖の高さを16倍にすると，落下にかかる時間は何倍になりますか。

問４　空らん（　ウ　）にあてはまる数字を答えなさい。

問５　空らん（　エ　）にあてはまる数字を答えなさい。

問６　SG星で崖から飛び出した車の軌道《きどう》を，解答らんの「地球での軌道」を参考に描《か》きなさい。

問７　空らん（　オ　）と（　カ　）にあてはまる数字をそれぞれ答えなさい。

4 各問いに答えなさい。

ガリレオ·ガリレイが望遠鏡を使って宇宙を観測してから400年以上が経過しました。ガリレオといえば，「それでも地球は動いている」という言葉が有名です（これは後世の人がつくったともいわれています）。

当時，当たり前として信じられてきた考え方は「(　ア　)」という天動説でした。しかし，ガリレオはその考えを当たり前として受け入れることなく，自ら観測·研究をして地動説にたどり着きました。地動説はガリレオより以前に，コペルニクスが発表して注目を集めましたが，それを裏付ける証拠《しょうこ》がなく，受け入れられませんでした。

ガリレオは当時，オランダで望遠鏡が発明されたという情報を耳にして，すぐに望遠鏡を製作し，天体を観測しました。それにより (1) 月に凸凹《でこぼこ》があること (2) 木星の周りを４つの衛星が回っていること (3) 金星が満ち欠けをすることなどを発見しました。特に，木星の周りを回る４つの衛星の存在は，地球を中心に回っていない天体があることを示しており，ガリレオはこれを根拠に天動説が不完全だという結論にたどりつき，地動説が正しいと主張しました。

問１　文中の空らん（　ア　）にふさわしい説明を，15字程度で述べなさい。

問２　下線部（１）について，月の凸凹のようすは地球から見たとき，いつも同じに見えます。その理由を，「自転」と「公転」の両方を用いて簡単に説明しなさい。

問３　下線部（２）について，次の文章を読み，以下の問いに答えなさい。

木星の衛星，イオ，エウロパ，ガニメデの３つは互《たが》いに影響《えいきょう》を及《およ》ぼし合いながら公転しています。その結果，公転する周期の比はイオ：エウロパ：ガニメデ＝１：２：４となっています。このように，公転周期が整数の比になることを「ラプラス共鳴」といいます。実際にイオ，エウロパ，ガニメデの公転周期はそれぞれ1.8日，3.6日，7.2日です。（図１）のときから観測をはじめたとすると，次の（ａ），（ｂ）のとき，イオ，エウロパ，ガニメデの位置はそれぞれどこになりますか。（図１）にならって解答らんに○を描《か》き込《こ》んで答えなさい。ただし，（図１）中の円は公転の軌道を，矢印は公転の向きを表します。

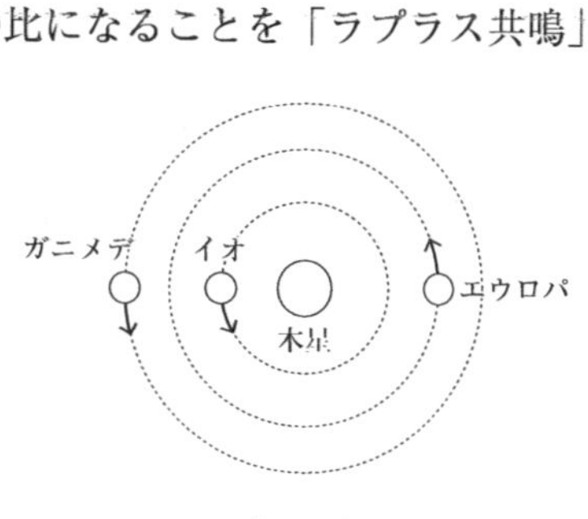

（図１）

（ａ）　1.8日後
（ｂ）　木星，イオ，エウロパ，ガニメデが（図１）の次に一直線に並ぶ時問４　下線部（３）について，次の文章を読み，以下の問いに答えなさい。

太陽と金星，地球が（図２）の位置関係にあるとき，日本（図中の•）から日没《にちぼつ》直後に金星を観測しました。すると，南西の空に(図３)のような金星が見えました。ガリレオは地球から見た金星が形だけでなく，その大きさが変化することも発見しています。見た目の大きさが変化することは，金星と地球との距離が変化することを示します。ただし，（図２）中の矢印はそれぞれ金星と地球の公転の向きと地球の自転の向きを表します。また，金星の公転周期を225日，地球の公転周期を360日，１年を360日，１か月を30日とします。

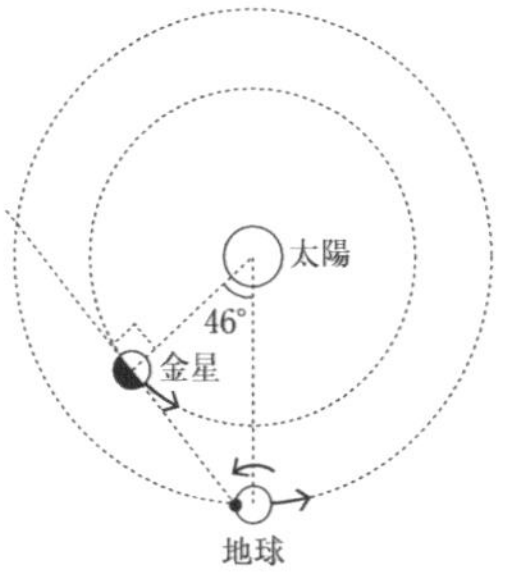

（図２）

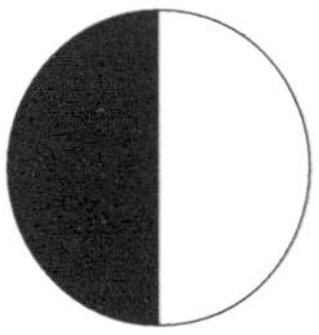

（図３）

（ａ）　満ち欠けする金星の形と大きさの組み合わせとして，もっとも適当なものを，次の①～④より選び，記号で答えなさい。

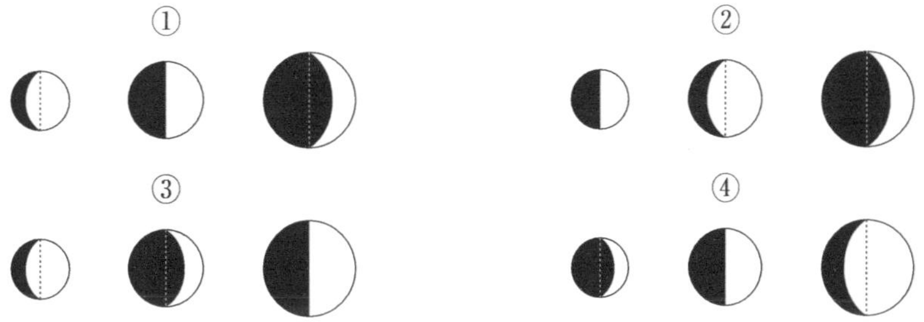

（ｂ）（図２）の状態から３か月後，日本から金星はどの時間帯に，どのような形で見えますか。それぞれの選択肢《せんたくし》からもっとも適切なものを１つずつ選び，記号で答えなさい。

【時間帯】　①　日没直後　　②　真夜中　　③　日の出直前

【形】

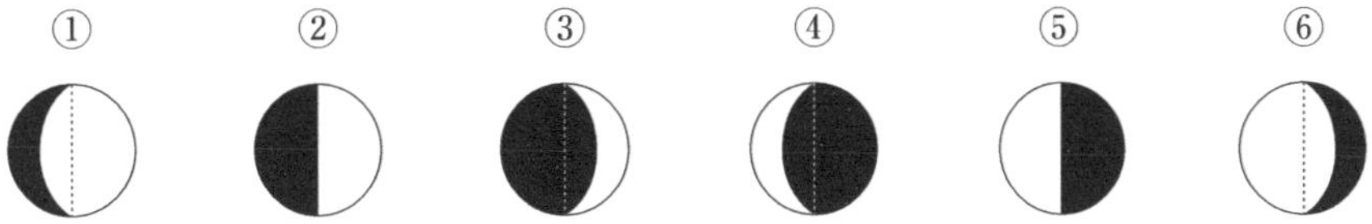

（ｃ）　地球の公転周期と金星の公転周期から考えたとき，日本の日没直後に，(図３)と同じ形で金星が見えるのは，（図２）のときから何か月後ですか。整数で答えなさい。

2023(R5) 須磨学園中　第３回
教英出版

2022年度　須磨学園中学校入学試験

国　　語

第 3 回

（60分）

（注　意）

解答用紙は、この問題冊子の中央にはさんであります。まず、解答用紙を取り出して、受験番号シールを貼り、受験番号と名前を記入しなさい。

1．すべての問題を解答しなさい。

2．解答はすべて解答用紙に記入しなさい。

3．字数制限のある問題については、記号、句読点も１字と数えること。

4．試験終了《しゅうりょう》後、解答用紙のみ提出し、問題冊子は持ち帰りなさい。

※　設問の都合上、本文を一部変更している場合があります。

須磨学園中学校

二の設問

問一　Ⅰ・Ⅱに当てはまる語句として最も適当なものを後からそれぞれ一つずつ選び、番号で答えなさい。

Ⅰ

1　虎《とら》の威《い》を借る狐《きつね》
2　能ある鷹《たか》は爪《つめ》を隠す
3　猿《さる》も木から落ちる
4　魚心あれば水心

Ⅱ

1　ひもじい
2　険しい
3　したわしい
4　侘《わび》しい

問二　「あの親爺」（――線部ア）とありますが、これ以降の質屋の「親爺」についてのやり取りの説明として、最も適当なものを次の中から一つ選び、番号で答えなさい。

1　親爺のふるまいの真意を知らない糸屋の青年は、親爺の仕事を地味なものだと見下しているが、トメさんと齣江はそれぞれに親爺の考え方を評価する言動を見せている。
2　親爺とは感じ方の違う糸屋の青年が、親爺の仕事を取るに

問四　「親爺さんの小さな楽しみは、仕事のあとに晩酌をしながら花札を並べることだった」（――線部イ）とありますが、なぜ楽しみとしていたと考えられますか。それを説明した次の文に当てはまる語として最も適当なものを本文中からそれぞれ一字で探し、抜《ぬ》き出して答えなさい。

花札の絵柄は「誰が書いたか知れない」点で【　A　】を持たないが、「誰もが知っている」ほど優《すぐ》れた図案である点で【　B　】を持っていて、それが親爺には尊いことだと感じられたから。

問五　「日頃、口数の少ない息子がこうして言葉を継ぐのは珍しいことだった」（――線部ウ）とありますが、息子の心情の変化として最も適当なものを次の中から一つ選び、番号で答えなさい。

1　年老いた父を気づかって家業を手伝いながら、質屋の仕事の意義を見つけようとしていたところ、物事の善し悪しを知る経験をしたことで、自分も父親のように、名にだまされずに本当によい物を見抜《みぬ》ける質屋になろうと意気込《いきご》んでいる。
2　年老いた父を気づかって家業を手伝いながら、質屋の仕事を内心では立派に思っていたが、生来の口下手から何も言えずにいたところ、善い仕事に感動したのをきっかけに、父に

2022(R4) 須磨学園中　第３回
K 教英出版

□二 次の文章は、「襦袢《じゅばん》の竹、路地の花」の一節です。お針子（着物を縫《ぬ》う仕事をする娘《むすめ》）の齣江《こまえ》と近所のおかみさん、トメさん、糸屋の青年の元に、弥生《やよい》坂の質屋《しちや》の親爺《おやじ》さんが亡《な》くなったという知らせが入りました。以下はそれに続く場面です。これを読んで、後の設問に答えなさい。

「しかし僕《ぼく》は嫌《いや》だなあ。ア あの親爺みたいに陰《かげ》に生きて影《かげ》のまま死んでいくのは。働いた甲斐《かい》も存在した意義もないようですよ」

糸屋が云《い》うと、トメさんは顔を八角に角張らせた。

「……まさかおまえ、名を成すことが仕事を極《きわ》めることだとでも思ってるんじゃなかろうね」

「え？　そりゃあそうでしょう」と青年は鼻の穴を膨《ふく》らます。

「といって、別段著名になりたいわけじゃあないですよ。後世に名を残そうなんて大それたことも考えちゃいません。さすがに僕ぁそこまで浅はかじゃあないですよ。しかしですね、名が通れば周りの扱《あつか》いだって違《ちが》ってくるし、いろいろ融通《ゆうずう》が利《き》くようになる。商売人にはずいぶん有利に働くんですよ」

「名だけで寄ってくる奴《やつ》なんざ、大概《たいがい》、自分の目で判じることもできないつまらん連中だよ」

「え……そうなのかなぁ。まあ、［ Ⅰ ］とも云いますけどね、ただそれは昔のことですよ。結局、前に出たほうがなんにしても得だ。声の大きい奴が勝つんです。それが当代風、あ、いや、[注1]モダニズムっていうんですか」

「なにがモダニズムだ。とってつけたようなことばっかり云いやがって」

トメさんは「胸くそ悪い」と吐《は》き捨《す》てて、雨の路地へと出ていった。糸屋は「相変わらず口の悪い婆《ばあ》さんだ」と笑ってから、黒味《くろみ》を帯びた金に染め上げた糸を齣江の前に置いた。

「これもずいぶん手間取りましたよ。難しい色ですからね。しかし[注2]襦袢なんぞにこんな贅沢《ぜいたく》するなんて、[注3]奇特《きとく》な人もいるもんだ。金がうなってしょうがないのかな」糸屋は[注4]衣桁《いこう》をしげしげと眺《なが》め

の知識まで蓄《たくわ》え、品を見て値付けに迷い、客を待たせるようなしくじりをしでかさないよう気を張り続けた。質草は定めた期限よりも三日四日長めに取り置く。その間に金を工面《くめん》してきた客には、気持ちよく品を返した。ただし感謝の言葉を述べられても、必ず聞こえないふりをした。恩を売ればそれだけ、相手が［ Ⅱ ］思いをすると知っていたからだ。

イ 親爺さんの小さな楽しみは、仕事のあとに晩酌《ばんしゃく》をしながら花札を並べることだった。遊び方は知らない。ただ札に描《か》かれた絵を眺《なが》めるのが、なによりの楽しみなのだった。誰《だれ》が描いたか知れないが誰もが知っているその絵柄《えがら》は、彼の目にはどんな美術品よりも尊く見えていた。

親爺さんが六十に近づいた頃《ころ》から、店は一番下の息子《むすこ》が手伝うようになっていた。上のふたりの息子が、家業を嫌《きら》って家を出ていたからだ。三男坊《さんなんぼう》はこまめに働いたが、やはり毎日、面白《おもしろ》くなさそうな顔をしていた。それを気にして親爺さんは、何度となく「この店は俺《おれ》の代で終わらせていいんだよ」と息子に云った。これからの若者が就《つ》くにはきつい仕事だろう、夢も華《はな》もないのだから。息子はなにも応《こた》えず、曖昧《あいまい》にうなずくだけだった。それでも壺《つぼ》だの簞笥《たんす》だのといった大物を引き取る作業は息子に頼《たよ》らざるを得ず、ふたりして黙々《もくもく》と仕事にいそしむ日が何年か続いた。

あるとき、家に眠《ねむ》る大量の骨董を処分したい、という客からの請《こ》いに応じ、荷車一杯《いっぱい》に品物を積んで帰ってきた息子は、親爺さんにこんなことを云ったのだ。

「立派な屋敷《やしき》だったよ。腕《うで》のいい大工の仕事だろう。どういう職人だったのか気になってね、家主に訊《き》いたんだが、先々代が建てたとかで大工の名までは知らない、って」

抑揚《よくよう》のない声だったが、ウ 日頃《ひごろ》、口数の少ない息子がこうして言葉を継《つ》ぐのは珍《めずら》しいことだった。

「ところが質草が眠ってるっていう屋根裏に登ったらさ、[注9]梁《はり》に墨《すみ》で[注10]棟梁《とうりょう》の名が書いてあった。大工ってのは、あんな誰の目にも触《ふ》れないところに銘《めい》を入れたんだね」

一の設問

問一　【Ａ】～【Ｃ】に入る語として最も適当なものを後からそれぞれ一つずつ選び、番号で答えなさい。

【Ａ】

1　だから　2　また　3　ただし　4　ところで

【Ｂ】

1　しかし　2　しかも　3　むしろ　4　たとえば

【Ｃ】

1　逆に　2　または　3　なおかつ　4　それでも

問二　～～～線部Ｘ、Ｙの本文中での意味として最も適当なものを後からそれぞれ一つずつ選び、番号で答えなさい。

Ｘ「脇に置いて」

1　なかったことにする　2　もっともだと思う

3　あきらめる　4　ふれないようにする

Ｙ「眉をひそめ」

1　常識がないと判断して見下す

2　不快に感じて顔をしかめる

3　理由が分からず考えこむ

4　失礼だと思っていきどおる

問五　「その冗談は必ずしも笑えない」（――線部イ）とありますが、なぜですか。その理由の説明として最も適当なものを次の中から一つ選び、番号で答えなさい。

1　話し手が冗談のつもりで言っていると聞き手が理解していても、実際に起こる可能性があると感じていれば、聞き手は不安になるから。

2　話し手が冗談のつもりで言っていても、聞き手が冗談だと受け取らなければ、結局は聞き手の不安をあおることにつながるから。

3　話し手が冗談のつもりで言っているかどうかを判断するには、聞き手は言葉だけでなく言い方や表情などについても考える必要があるから。

4　話し手が冗談で言っていると聞き手に伝わっても、それをきっかけに聞き手は今まで予想していなかった悪い結果を想像してしまうから。

問六　［　※　］に入る語句として最も適当なものを次の中から一つ選び、番号で答えなさい。

1　冗談だと分からない冗談を言ってはいけない

2　冗談も口に出すことで現実になるかもしれない

3　冗談でもそんなことを言うべきではない

一　次の文章を読んで、後の設問に答えなさい。

ア ユーモアはコミュニケーションの潤滑油《じゅんかつゆ》だが、ユーモアのあるところを見せようとして悪い結果を招いてしまうことも少なくない。

【相談】私は普段《ふだん》からよく冗談《じょうだん》を言い、友人たちもそれを面白がってくれています。しかし先日、友人の一人が「最近、彼氏《かれし》があまり連絡《れんらく》してくれなくなった」と言うので、冗談のつもりで「浮気《うわき》でもしてるんじゃないの?」と言ったところ、その友人は泣き出してしまいました。友人の彼氏は浮気するような人ではないし、私の言い方だと冗談にしか聞こえなかったはずなのですが、いったい何が悪かったのでしょうか?

とりあえず、相談者の冗談が全然面白くないことは X 脇《わき》に置いておこう。ここでは、冗談のつもりで発した言葉がトラブルに発展するケースについて考えたい。冗談が他人との注1軋轢《あつれき》を引き起こすパターンにはいくつかあるので、順に見ていこう。

・冗談のつもりだったのに、本気の発言だと受け止められるパターン

これは一番分かりやすく、よくあるパターンだ。過去には、差別的な注2ブラックジョークを注3SNSに投稿《とうこう》した人が、多くの人々に本気の発言だと受け止められてしまい、注4大炎上《だいえんじょう》したあげく職まで失ったという事件があった。また、空港の係員に冗談のつもりで「俺《おれ》はテロリストだ」と言った人が拘束《こうそく》されたケースもある。

冗談においては、話し手の発言の文字どおりの意味と、そこに込《こ》められた話し手の意図が大きくかけ離《はな》れていることが多い。話し手が文字どおりの意図を持っていないことが聞き手に伝わるには、話し手の人となりや、その発言に至るまでの文脈などが聞き

が「(あなたの彼氏は)浮気でもしてるんじゃないの?」と言うかわりに、注6「ツチノコでも探しに行ってるんじゃないの?」とか「山にこもって空手の修行《しゅぎょう》をしてるんじゃないの?」と言ったならば、聞き手がそれを「実際にそうかも」と思う可能性は低い(ただし、彼氏が注7オカルト好きだったり空手家だったりする場合は別だ)。しかしその場合でも、友人は相談者に対して「私が真剣《しんけん》に悩《なや》んでいるのに、冗談で返すなんてひどい」とか、「私の悩みなんかどうでもいいと思っている」と思うかもしれない。つまり、ウ「そういう状況で冗談を言うこと」自体が問題になることもあるのだ。

このように考えると、冗談が通じて、【 C 】言った方と聞いた方の両方が笑顔《えがお》になるのは c ソウトウハードルの高いことであるようだ。今のご d ジセイ、エ 誰《だれ》も不快にならない冗談を言える人がいたら、もっと e ショウサンされていいのかもしれない。

次の相談者のように、空気の読めない人に悩まされたことのある人も多いだろう。

【相談】最近、取引先の担当者が変わりました。前の担当者は［ I ］に長《た》けた人で、私がはっきり言わなくてもこちらの希望をよく汲《く》み取ってくれたので、交渉《こうしょう》がとても楽でした。私が取引の条件を気に入っていないときなども、その人は私の顔色からそのことを察してくれて、別の案を出してくれたりしたのです。

しかし、新しい担当者はまったく気が利《き》かない人で、こっちが一から十まで全部口に出さないと分かってくれません。あまりにも面倒《めんどう》なので、皮肉を込めて「あなたは本当に物分かりがいいですね」と言ったところ、「ありがとうございます」と本気にしてしまいました。その上、その人はおしゃべり好きで、

（ 余 白 ）

ず声も聞こえず、言葉が文脈から切り離されやすく、さらに不特定多数の人々にaカクサンされやすい状況《じょうきょう》では、冗談が冗談として受け止められなくなるbキケン性が高い。

・冗談の内容が相手の不安や不快感をかき立ててしまう

これは、冗談であるということ自体は聞き手に伝わったのに、冗談の内容に問題があるため笑えないというものだ。実は、先の相談の問題点の一つはここにある。

先の相談には、相談者は普段から冗談を言う人で、友人もそれをよく知っているという前提があった。また、言い方や声の調子からも、相談者が冗談で「（あなたの彼氏は）浮気でもしてるんじゃないの？」と言っていることが聞き手に通じているはずだ。しかし、たとえ聞き手が「話し手は冗談のつもりで言っているのだろう」と理解しているとしても、もしその内容が聞き手自身にとって「本当かもしれない」のであれば、イその冗談は必ずしも笑えない。つまり、聞き手である友人がほんの少しでも彼氏の浮気を疑っているのであれば、相談者の冗談がその不安をかき立ててしまう可能性がある。

同様に、冗談を言うこと自体には問題のない流れであっても、冗談の内容がショッキング過ぎたり、注5倫理《りんり》的に問題があったりする場合には、相手にY眉《まゆ》をひそめられることになりかねない。いくら冗談であることが明確であっても、話し手がそういう言葉を口に出していいと思っていること自体は他人に伝わり、「［　※　］」と問題視される可能性がある。

・冗談を言っていい状況かどうかの判断を誤っている

先の相談のケースにはこの問題もある。【　B　】、もし相談者

い時計してますね」と言ってみたら、「一分かります？　実はこの時計、○○社の△△で……」と、さらに話が長くなりました。私が不機嫌《ふきげん》な顔をしても、ほとんど気に留めません。本当に困るのですが、どうしたらいいでしょうか？

空気を読んだり他人の気持ちを汲み取ったりするのは、円滑《えんかつ》なコミュニケーションのために重要だ。しかしこの相談のように、相手にそれをさせようとしてもなかなかうまくいかないことがある。相談者は皮肉のつもりで相手に「あなたは本当に物分かりがいいですね」と言ったり、時間を気にしろというつもりで「いい時計してますね」と言ったりしたが、相手にはそれらの発言に込められたオ「言外の意味」が伝わらなかった。相談者は相手の［　Ⅱ　］と常識のなさを嘆《なげ》いているが、相談者の発言を眺《なが》めてみると、その真意を汲み取るのはかなり難しそうだ。なぜかというと、聞き手が「これは文字通りに受け取ってはいけない言葉だ」と理解するための［　Ⅲ　］がほとんどないからである。

（川添愛《かわぞえあい》『ふだん使いの言語学』新潮選書刊による）

注1　軋轢　…　仲がわるくなること。
注2　ブラックジョーク　…　不道徳で悪趣味《あくしゅみ》な冗談。
注3　ＳＮＳ　…　ツイッターなどの、人と交流することなどを目的とするインターネット上のサービス。
注4　大炎上　…　インターネット上で、失言などと判断されたことをきっかけに、批判が集まって収拾がつかなくなること。
注5　倫理　…　生きていく上で守るべきこと。
注6　ツチノコ　…　日本に生息すると言われている未確認動物のひとつ。
注7　オカルト　…　科学で説明がつかない現象や存在。

問三　「ユーモアはコミュニケーションの潤滑油だ」（――線部ア）とはどういうことですか。その説明として最も適当なものを次の中から一つ選び、番号で答えなさい。

1　ユーモアがなければコミュニケーションは成り立たないということ。

2　ユーモアの効果によってコミュニケーションがうまくとれるようになるということ。

3　ユーモアにたよることでむしろコミュニケーションが悪い方向に進むということ。

4　ユーモアはコミュニケーションをとる上で最も重要な要素だということ。

問四　[Ⅰ]～[Ⅲ]に入る語として最も適当なものを後からそれぞれ一つずつ選び、番号で答えなさい。

[Ⅰ]
1　以心伝心　2　一石二鳥
3　取捨選択《せんたく》　4　創意工夫

[Ⅱ]
1　無礼さ　2　鈍感《どんかん》さ　3　気の長さ　4　心外さ

[Ⅲ]
1　経験値　2　発信力　3　手がかり　4　賢《かしこ》さ

問七　「そういう状況」（――線部ウ）とありますが、どういう状況ですか。本文中の語句を使って十字程度で説明しなさい。

問八　「誰も不快にならない冗談を言える」（――線部エ）とありますが、そのために発言者が気をつけるべきこととして**当てはまらない**ものを次の中から一つ選び、番号で答えなさい。

1　話し手に冗談だとはっきり分かるように、冗談を言うときの声色を変えること。

2　冗談を言っていいときかどうかを聞き手の状況から判断した上で、冗談を言うこと。

3　ＳＮＳでは不特定多数の人が見ていないことを確認してから、冗談を言うこと。

4　冗談の内容が聞き手に不安をあたえないかを考えてから、冗談を言うこと。

問題は、裏面に続きます。

問九　「言外の意味」（――線部**オ**）とありますが、言外の意味を正しく理解している例として最も適当なものを次の中から一つ選び、番号で答えなさい。

1　「本当に物分かりがいい」と皮肉を言われて、もっと相手の意図を汲めるように努力する。

2　「本当に物分かりがいい」と皮肉を言われて、もっと頻繁《ひんぱん》に相手と連絡をとるようにする。

3　「いい時計をしていますね」と皮肉を言われて、もっと面白い話をできるように心がける。

4　「いい時計をしていますね」と皮肉を言われて、自分の話を早く終わらせて相手にも話してもらうようにする。

問十　――線部**a**～**e**のカタカナを漢字で答えなさい。

a　カクサン　**b**　キケン　**c**　ソウトウ

d　ジセイ　**e**　ショウサン

なのよ」
「でも着物で隠《かく》しちゃせっかくの柄《がら》も見えないでしょう。せいぜい衿《えり》が覗《のぞ》くくらいで。だったら僕はその分、着物に金を使ったほうがいいや。みんなの目につきますからね」
　齣江はつっと立ち上がり、まだ針を入れていない黒羽二重《ふたえ》の反《たん》物《もの》を襦袢の上にすっぽりかぶせた。「このくらいの旦那《だんな》になると」と講談[注6]調の節をつけて語り出す。
「遊びに行くことも多くなる。女の人とふたりになったところで一枚着物を脱《ぬ》ぐ……」
　彼女《かのじょ》はサッと反物を取り去った。当然のことながら例の襦袢が現れた。その柄をすでに知っていたにもかかわらず糸屋は「おっ」と声をあげた。短い時間でも黒の無地に慣れた目には、金色の竹模様がひどく華《はな》やかに映ったのだ。
「こんな旦那を、女の人はどう思うかしら」
　彼女が問うと、糸屋はうっとり顔を緩《ゆる》めた。おおかた、この襦袢を自分が身につけて遊びに行った姿でも夢想したのだろう。
　弥生坂の質屋[注7]の親爺さんは、梅雨《つゆ》が好きだった。町で客とすれ違っても、傘《かさ》で面《おもて》を隠して知らぬふりがしやすかったからだ。
　奉公《ほうこう》[注8]で入ったこの店を、子のいなかった先代から二十五歳《さい》で譲《ゆず》り受《う》けたとき、彼《かれ》はひとつの言葉を預かった。
「質屋はなにより、客に気まずい思いをさせてはならねぇよ。そいつが一番大事なことだ」
　人々がどんな思いで質草《しちぐさ》を入れにくるのか、少ない会話の端々《はしばし》から親爺さんはしみじみと感じ取っていた。だから店でもなるたけ客の目を見ないようにした。道端《みちばた》で会ってうっかり挨拶《あいさつ》などして向こうが気まずい思いをするのも辛《つら》いから、お得意さんにも他人行儀《ぎょうぎ》で通した。自分のことは幽霊《ゆうれい》かなにかだと思ってくれればいい、と常々胸の内で念じてもいた。
　その分、仕事には人一倍真面目《まじめ》に取り組んだ。書画骨董《こっとう》、刀剣《とうけん》

心の善し悪しは、ものを見りゃちゃんと表れているもんだ」
　親爺さんが云うと、息子は淡々《たんたん》と続けたのだ。
「梁を見ながらさ、父さんの仕事もこういうことじゃないかと思ってね。俺はまだまだ修業《しゅぎょう》が足りなくて父さんのようにはいかないが、名じゃなく実を見てくれる客に、通じる商売をしたいと思ってね」
エ　その夜、親爺さんは遅《おそ》くまで眠れなかった。ひとり酒を飲みながら、ちゃぶ台一面に並べた花札を眺めていた。親爺さんにとってそれは、生涯《しょうがい》で一番幸せな晩になった。そして そのとき感じた幸せは、生を終えるその瞬間《しゅんかん》まで、親爺さんのお腹《なか》の奥《おく》を静かに温め続けていた。

（木内昇《きうちのぼり》『よこまち余話』による）

注1　モダニズム … 現代的で新しい感覚を好むこと。
注2　襦袢 … 和服の下に着る肌着《はだぎ》。
注3　奇特 … ここでは風変わりの意だが、本来は、行いや心がけがまれに見るほどすぐれているの意。
注4　衣桁 … 室内に置いて衣服を掛《か》ける家具。形は鳥居に似ている。
注5　粋人 … 言動や姿があかぬけている人。
注6　講談 … 小机を前に置き、物語を一人で読み聞かせる芸。
注7　質屋 … 物品を質にとって金銭の貸し付けを行う店。客がお金を返せなかった場合、質の品物（質草）は店のものになる。
注8　奉公 … 店などに住《す》み込《こ》み、そこの家業の手伝いをすること。
注9　梁 … 屋根をささえるために横に渡《わた》した、太くて長い材木。
注10　棟梁 … 大工のかしら。
注11　茎 … 刀身の、柄《つか》（刀剣を手で持つ際に握《にぎ》る部分）の中に入った部分。
注12　騙り者 … 人をだます者。詐欺師《さぎし》。

3　親爺とは大きく年が離れた糸屋の青年が、親爺の仕事の意義に気づかないまま、冷やかすような言葉を発したことで、トメさんと齣江はそれぞれ落胆《らくたん》した様子を見せている。

4　親爺の客への配慮《はいりょ》に気づかない糸屋の青年は、親爺の仕事を中身のないものとして軽《かろ》んじているのに対して、トメさんと齣江は若い糸屋に助言するような態度をとっている。

問三　[X]・[Y]に当てはまる語として最も適当なものを後からそれぞれ一つずつ選び、番号で答えなさい。

[X]
1　生地《きじ》
2　柄
3　色
4　裏
5　表

[Y]
1　柄
2　色
3　糸
4　着物
5　襦袢

事をつまらないものと感じていたが、立派な仕事のあり方を目《ま》の当《あ》たりにしたことで、実力のある大工や父親のように後世に認められる仕事をしたいと前向きな気持ちになっている。

4　年老いた父を気づかって家業を手伝いながらも、質屋の仕事にやりがいを見いだせずにいたが、いい仕事とは何かを知ったことで、父親を尊敬するとともに自分の目指すべき方向が明らかになり、仕事に希望を持っている。

問六　「その夜、親爺さんは遅くまで眠れなかった」（――線部エ）とありますが、これはなぜですか。直後の「花札」が表す親爺の思いをふまえつつ、「花札」という語を用いて一〇〇字以上一二〇字以内で説明しなさい。（句読点も一字として数えます。なお、採点については、誤字・脱字や、適切に解答らんを使用しているか等についても見ます。）

問題は、裏面に続きます。

問七　本文の表現についての説明として**明らかな誤りを含《ふく》むもの**を次の中から一つ選び、番号で答えなさい。

1　「トメさんは顔を八角に角張らせた」（3行目）と「青年は鼻の穴を膨らます」（6行目）は、前者は相手の言葉への反発心、後者は自分の言葉に興奮している気持ちを、心情語を用いず双方の表情を描写《びょうしゃ》することで表している。

2　「『相変わらず口の悪い婆さんだ』と笑ってから」（21行目）という糸屋の言葉には、表面上は口汚《くちぎたな》くののしりながらも、本心では自分のことを思って叱《しか》ってくれているトメさんへの親愛の情が表れている。

3　45行目「弥生坂の質屋の親爺さんは、梅雨が好きだった」という描写は、好きな季節までもが仕事に関係のあるものであった点で、どこまでも仕事に実直である親爺の素朴《そぼく》な人柄《ひとがら》が表れた表現になっている。

4　78行目「ふたりして黙々と仕事にいそしむ日が何年か続いた」では、ふたりが口数の少ない真面目な性格であることを表すとともに、質屋の仕事が好きになれないままでも何年間も父を支え続けた息子の忍耐強《にんたいづよ》さも暗に示されている。

2022(R4) 須磨学園中　第３回
K 教英出版

2022年度　須磨学園中学校入学試験

算　　数

第 3 回

（60分）

（注　意）

解答用紙は、この問題冊子の中央にはさんであります。まず、解答用紙を取り出して、受験番号シールを貼り、受験番号と名前を記入しなさい。

1．すべての問題を解答しなさい。

2．解答はすべて解答用紙に記入しなさい。

3．試験終了《しゅうりょう》後、解答用紙のみ提出し、問題冊子は持ち帰りなさい。

須磨学園中学校

1 次の $\square$ に当てはまる数を答えなさい。

(1) $(11 \times 11 + 12 \times 12 - 13 \times 13) \div 6 \times 17 - (62 \times 15 + 9 \times 22 - 54 \times 15 - 7 \times 9) = \square$

(2) $4\frac{1}{3} \times 0.7 \times 1\frac{2}{7} \div 3.25 \div 0.24 \times 3\frac{1}{5} = \square$

(3) 2週間1日8時間34分28秒 − 1週間2日23時間12分30秒 ＋ 2日6時間38分24秒 − 1週間15時間39分48秒 = $\square$ 秒

(4) $\frac{1}{2} \times \left(1 - \frac{1}{3}\right) + \frac{1}{3 \times 5} + \frac{1}{35} + \frac{1 + 1}{1 \times 3 \times 3 \times 14} = \square$

(5) $$\frac{1 + 2 + 3 + \frac{5}{4}}{\frac{\square + \frac{5}{3}}{1 + \frac{2}{3}} - 1} = \frac{34}{12}$$

2 へ続く

計算欄《らん》（ここに記入した内容は採点されません）

2 次の□に当てはまる数を答えなさい。

(1) 下の図のように，4 × 4 マスに 1 から 16 までの数がある規則に従って並んでいます。

1	2	5	10
4	3	6	11
9	8	7	12
16	15	14	13

これと同じ規則で，30 × 30 マスに 1 から 900 までの数を書くとき，
上から 23 マス目，左から 26 マス目の数は□です。

(2) 2022 年 1 月 1 日は土曜日です。2022 年 1 月 1 日から 2022 年 12 月 31 日までの 1 年間で 22 日が木曜日となる月は 9 月と□月です。ただし，2022 年の日数は 365 日です。

(3) 下の図のように，底面の半径が 2 cm，高さが 1 cm の円柱があり，真上から太線の位置でこの円柱を切り分けます。切り口と底面は垂直で，点 O は円の中心とします。

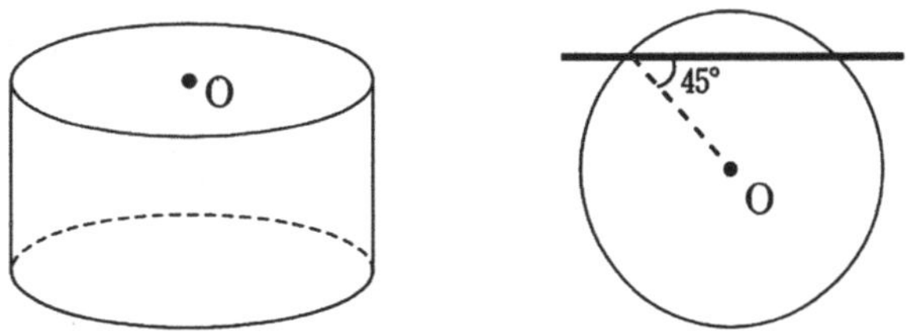

切り分けた 2 つの立体の表面積の差は□cm^2 です。
ただし，円周率は 3.14 とします。

(4) 1 以上の整数 N に対して，〈N〉は以下のような数を表します。
N の 1 以上の約数の個数が奇数《きすう》個であるとき，〈N〉 = 0
N の 1 以上の約数の個数が偶数《ぐうすう》個であるとき，〈N〉 = 1

このとき，〈1〉+〈2〉+〈3〉+……+〈2021〉+〈2022〉= □です。

2 の (5) 以降の問題は，5 ページに続く

計算欄《らん》（ここに記入した内容は採点されません）

2

(5) 右の図形を直線 m を回転の軸《じく》として回転してできる立体の体積は ☐ cm^3 です。
ただし，角 A ～ J はすべて 90°，AB = 4 cm，BC = 2 cm，CD = 3 cm，DE = 4 cm，EF = 4 cm，FG = 2 cm，GH = 1 cm，HI = 3 cm とし，円周率は 3.14 とします。

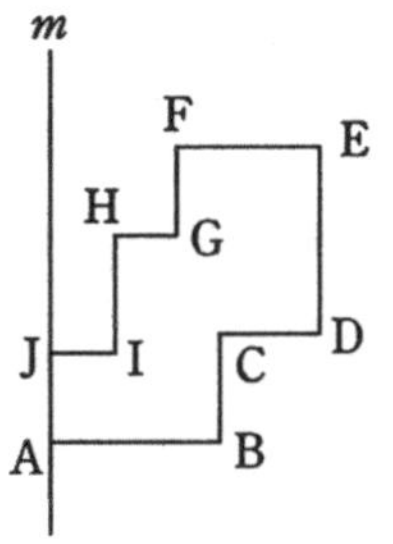

(6) 右の図において，同じ印がついた角は等しく，●＝20° で AB と DC は平行です。
このとき，角アの大きさは ☐ 度です。

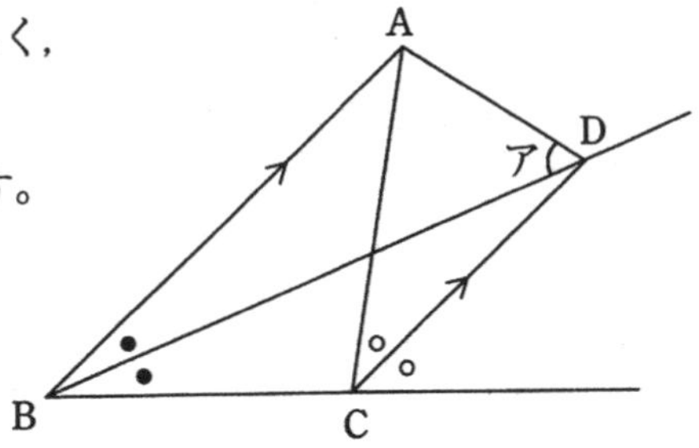

(7) 昨年の新入生数は 375 人でした。今年の新入生数は昨年に比べ，男子が 8％増加し，女子が 7％減少しました。全体としては昨年に比べ，今年の新入生数は増加しました。今年の新入生数は ☐ 人です。ただし，昨年の男子新入生，女子新入生はともに 0 人ではありません。

(8) 右の図のように，正方形 ABCD に 4 つの同じ直角三角形 ABE，BCF，CDG，DAH を付け加え，E，F，G，H を結び，正方形 EFGH を作りました。斜線《しゃせん》部分の面積が 72 cm^2 で，AB の長さが 5 cm のとき，正方形 EFGH の面積は ☐ cm^2 です。

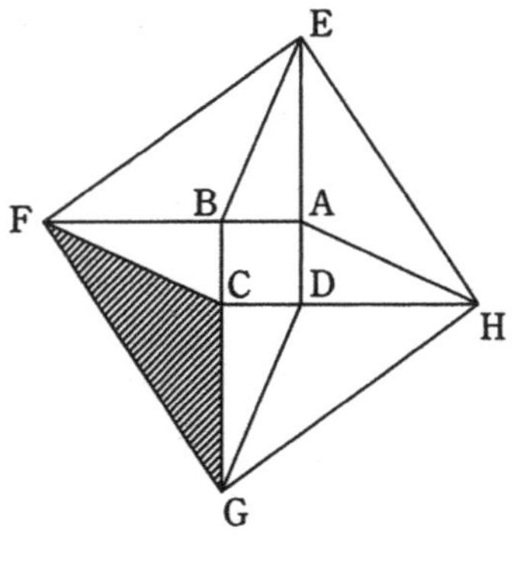

3 へ続く

計算欄《らん》（ここに記入した内容は採点されません）

3 1から7までの整数が書かれたカードが1枚ずつ，合計7枚あります。この7枚から3枚を選び，順に並べて3桁の整数を作ります。

(1) 作ることができる3桁《けた》の整数のうち，偶数《ぐうすう》であるものの個数を答えなさい。

(2) 作ることができる3桁の整数のうち，100番目に大きい整数を答えなさい。

(3) 作ることができる3桁の整数のうち，350以上615未満の整数の個数を答えなさい。

整数の各位の数を足した数が3の倍数であるとき，もとの整数も3の倍数です。

(4) 作ることができる3桁の整数のうち，3の倍数であるものの個数を答えなさい。

4 へ続く

計算欄《らん》（ここに記入した内容は採点されません）

4 右の図のような扇《おうぎ》形を考えます。
ただし，OA ＝ 6 cm，円周率は 3.14 とします。

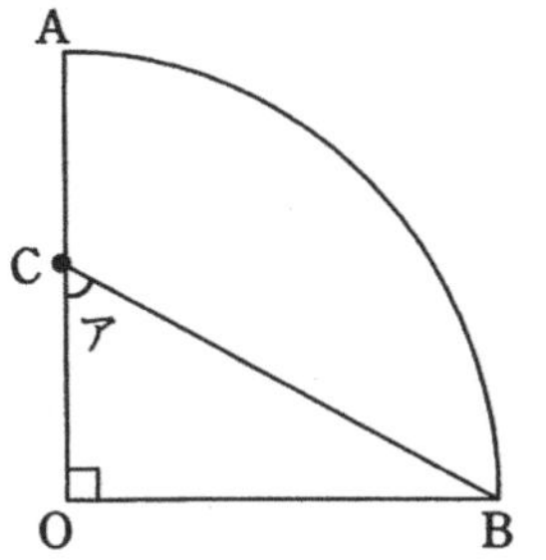

(1) 右上の図のように，辺 AO 上に点 C をとり，辺 BC で扇形を折り返すと点 O が曲線 AB と重なりました。このとき，角アの大きさを答えなさい。

曲線 AB の 3 等分点を A に近い方から順に D，E とし，点 D，E から辺 OB に向かって垂直な直線を引き，それぞれ交わった点を P，Q とします。
また，曲線 DE の真ん中の点を S とし，点 S から辺 OB に向かって垂直な直線を引き，交わった点を T とします。

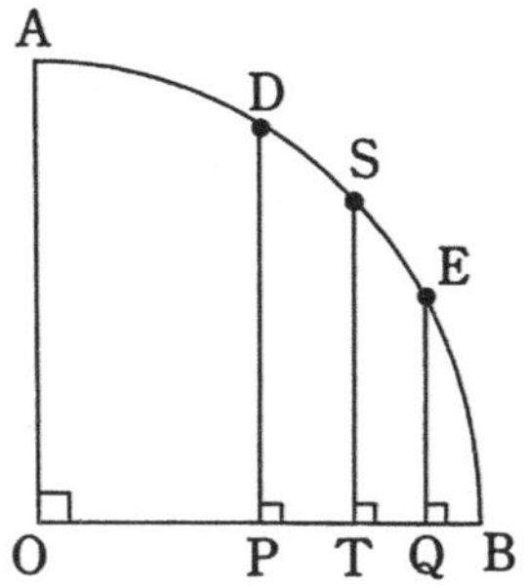

(2) 曲線 DE，辺 DP，EQ，PQ で囲まれた部分の面積を答えなさい。

(3) 曲線 DS，辺 DP，ST，PT で囲まれた部分の面積と曲線 EB，辺 EQ，QB で囲まれた部分の面積の差を答えなさい。また，考え方も答えなさい。

5 へ続く

計算欄《らん》（ここに記入した内容は採点されません）

5　下の図のように，点1～点12と点Ａ，Ｂ，Ｃ，Ｄが太線の円周上にあります。

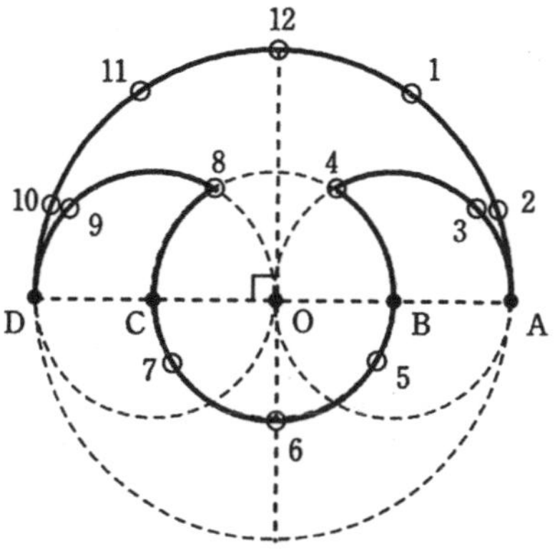

点Ｐと点Ｑが，この太線の円周上を1→2→3→…→12→1→…の順に一定の速さで移動します。点Ｐは1時間で一周し，点Ｑは12時間で一周するものとします。
6時ちょうどに，点Ｐは12の点を，点Ｑは6の点を出発し，点Ｐは5分ごとに点Ｑは1時間ごとに，数字の点を通過します。

(1)　点Ｐが点Ａに初めて着くのは出発してから何分後か答えなさい。

(2)　6時16分になったとき，点Ｐと点Ｏ，点Ｏと点Ｑを直線で結んでできる小さい方の角の大きさを答えなさい。

(3)　6時から6時30分の間で，点Ｐと点Ｏ，点Ｏと点Ｑを直線で結んでできる小さい方の角が65°になるのは，6時何分か答えなさい。

(4)　6時から7時の1時間で，点Ｐと点Ｏ，点Ｏと点Ｑを直線で結んでできる小さい方の角が120°になるのは，何回あるか答えなさい。

計算欄《らん》（ここに記入した内容は採点されません）

（ 余 白 ）

2022年度　須磨学園中学校入学試験

理　　科

第 3 回

(60分)

(注　意)

解答用紙は、この問題冊子の中央にはさんであります。まず、解答用紙を取り出して、受験番号シールを貼り、受験番号と名前を記入しなさい。

1．すべての問題を解答しなさい。

2．解答はすべて解答用紙に記入しなさい。

3．試験終了《しゅうりょう》後、解答用紙のみ提出し、問題冊子は持ち帰りなさい。

須磨学園中学校

1　各問いに答えなさい。

地球上にはさまざまな種類の生物がいます。それらは，もともと１種類の生物（「共通祖先《そせん》」と呼びます）だったものが，親から子へと世代をまたいでいくときに，からだの特ちょうを少しずつ変化させたことで生まれてきたと考えられています。生物学では，このような生物の変化を「進化」といいます。(1) こん虫は生物の中で最も多くの種類がいますが，これらもすべて進化によって生まれてきました。

進化の道筋を表す方法として系統樹《けいとうじゅ》というものがあります。系統樹では，生物の共通祖先を始まりにして，進化によって新たな種類が生まれたことを枝分かれとして示し，現在見ることができる生物の種類をそれぞれの枝の先たんに表します。（図１）はこん虫のなかまの系統樹です。生物の名前の下に○がついているものははねをもつなかま，×がついているものははねをもたないなかまです。

こん虫の進化の道筋についてくわしく知るため，こん虫が共通してもっている物質Ａについて調べました。物質Ａはとても大きな物質で，生物の進化とともに長い時間をかけてほんの少しずつ変化していきます。生物が２つの種類に分かれると，そこからそれぞれの種類で異なった変化をしていき，現在の物質Ａにいたります（この変化は物質Ａ全体に対してわずかなので，物質Ａは変化した後も区別されずに物質Ａとよばれます）。(2) ハエとトンボの物質Ａを比較《ひかく》したところ，（図２）のように80か所の違《ちが》いが見つかりました。

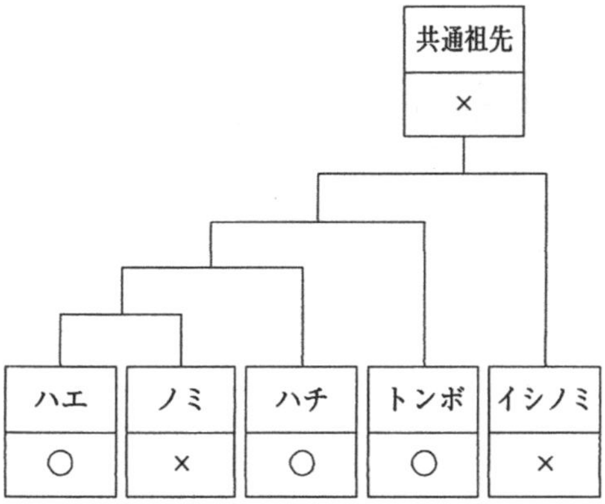

（図１）

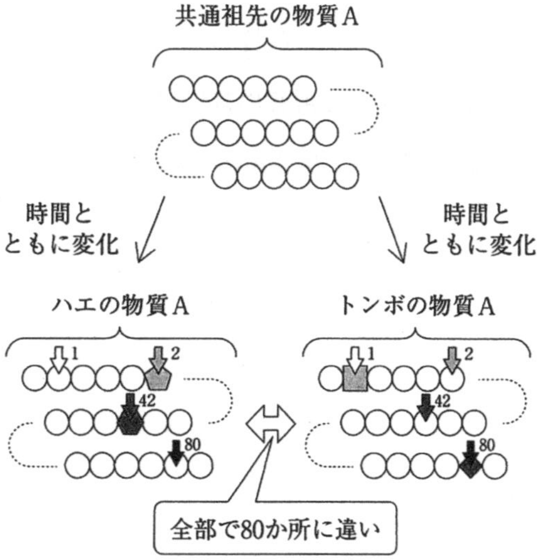

（図２）

問１　下線部（１）について，こん虫のからだの「頭・むね・はら」のうち，あしがある部分と，呼吸のための空気の出入り口がある部分をそれぞれ答えなさい。

問２　こん虫およびこん虫に似た次の生き物を，あしの数が多い順に並べなさい。

【　こん虫　　　ダンゴムシ　　　サワガニ　　　ムカデ　　　クモ　】

問３　（図１）の系統樹《けいとうじゅ》の中で，ノミに一番近いこん虫を生物の進化の考えにもとづいて１つ選びなさい。

問４　（図１）の系統樹から読み取れることとして適切でないものを，次の①～④より１つ選び，記号で答えなさい。

① イシノミは共通祖先からの進化の道のりの中で，はねをもつことはなかったと考えられる。

② ノミは共通祖先からの進化の道のりの中で，一度はねをもったが，その後に失ったと考えられる。

③ ハエの祖先とノミの祖先が分かれてから現在にいたるまでの時間と，ハチの祖先とノミの祖先が分かれてから現在にいたるまでの時間は同じであると考えられる。

④ ハエは共通祖先からの進化の道のりの中で，はねをもっていないときがあった可能性がある。

問５　下線部（２）について，ハエの祖先とトンボの祖先が分かれたのが約４億年前であるとして，下の文中の（　ア　）～（　ウ　）にあてはまる数を答えなさい。必要であれば，解答らんに「億」や「万」などを書き加えてかまいません。ただし，物質Ａの変化の起こりやすさには生物の種類によって違いはなく，異なる生物間で物質Ａの同じ場所に変化が起きたり，一度変化した場所がさらに変化したりはしないものとします。

＜文＞　約４億年前から現在までに，物質Ａの変化はハエとトンボでそれぞれ（　ア　）か所ずつ起こったと考えられます。このことから物質Ａは，平均して約（　イ　）年で１か所に変化が起きることが分かります。

新たに，ハエとハチの物質Ａについて調べたところ，50か所に違いが見つかりました。このことから，ハエの祖先とハチの祖先が別の種類として分かれたのは約（　ウ　）年前であると推定することができます。

問６　アニメなどでも“進化”という言葉が使われますが，生物学における「進化」とは異なる意味で使われていることがたくさんあります。次の図は，あるアニメで使われていた“進化”のようすで，同じ個体（キャラクター）の眼《め》の色が変わり，角《つの》が生えたことを示しています。本文の説明を参考にして，この変化が生物学における「進化」とは言えない理由を20字以内で説明しなさい。

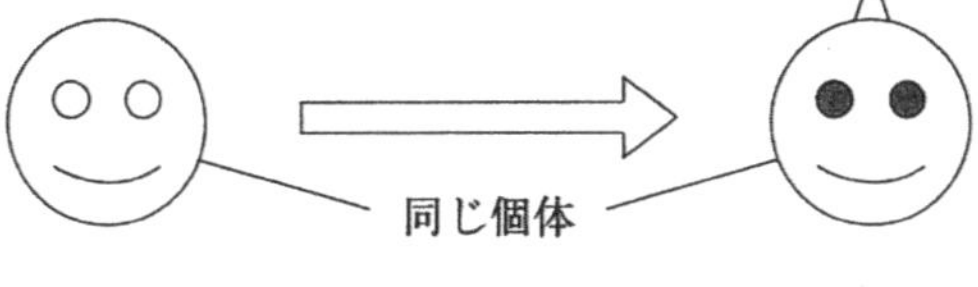

2 各問いに答えなさい。

異なった種類の水よう液を混ぜ合わせたり，物質を水に溶《と》かしたりすることで熱が発生する場合があります。発生した熱により，水よう液が温められて温度が上がります。熱は，cal（カロリー）という単位で表すことができます。

温度上昇《じょうしょう》に関しての【実験１】～【実験３】を行いました。使用した水よう液については，８％の水酸化ナトリウム水よう液と，ある濃度《のうど》の塩酸を用いたものとします。ただし，水や水よう液１gの温度を１℃上昇させるために必要な熱量を１calであるとし，水や水よう液の密度はすべて１g/cm^3であるものとします。また，使用した水や水よう液の温度はすべて25℃であるものとします。

【実験１】 水酸化ナトリウム水よう液と塩酸の体積をそれぞれ変えてＡ～Ｅのビーカーに入れて混ぜました。それぞれの水よう液を混ぜることで熱が発生することがわかっています。混ぜた後の水よう液の温度がどのくらい上がったかを測定し，BTB液を加えて色の変化を観察しました。（表１）はその結果を表したものです。また，混ぜた水よう液をそれぞれ加熱して水をすべて蒸発させると，すべてのビーカーに白い固体が残っていました。

（表１）

	A	B	C	D	E
塩酸の体積（cm^3）	30 cm^3	40 cm^3	50 cm^3	60 cm^3	70 cm^3
水酸化ナトリウム水よう液の体積（cm^3）	70 cm^3	60 cm^3	50 cm^3	40 cm^3	30 cm^3
上がった温度（℃）	8.4 ℃	11.2 ℃	14 ℃	11.2 ℃	8.4 ℃
BTB液の色	ア	イ	緑	ウ	エ

【実験２】 固体の水酸化ナトリウム４gを水に溶かして100gの水よう液をつくりました。固体の水酸化ナトリウムを水に溶かすことで熱が発生することがわかっています。溶かした後の水よう液の温度がどのくらい上がったのかを測定すると，11℃上昇していることがわかりました。

【実験３】 塩酸30 cm^3をＦ～Ｊのビーカーに準備し，それぞれのビーカーに異なった体積の水酸化ナトリウム水よう液を混ぜました（表２）。混ぜた後の水よう液の温度を測定すると，それぞれの水よう液で温度が異なっていました。

（表２）

	F	G	H	I	J
塩酸の体積（cm^3）	30 cm^3	30 cm^3	30 cm^3	30 cm^3	30 cm^3
水酸化ナトリウム水よう液の体積（cm^3）	10 cm^3	20 cm^3	30 cm^3	40 cm^3	50 cm^3

問１　（表１）のア～エにあてはまる色を次の①～③よりそれぞれ選び，記号で答えなさい。

①　黄色　　　　②　緑色　　　　③　青色

問２　【実験１】について，水を完全に蒸発させた後，２種類の白い固体が残っているのはＡ～Ｅのどのビーカーですか。Ａ～Ｅよりすべて選び記号で答えなさい。

問３　下線部について，物質が反応することで，熱が発生し温度が変わる現象として適切なものを次の①～⑤よりすべて選び，記号で答えなさい。

①　使い捨てカイロを開封《かいふう》すると温かくなった。
②　手をこすり合わせると温かくなった。
③　汗《あせ》が乾《かわ》くと冷たく感じた。
④　木炭が燃えて熱くなった。
⑤　電子レンジで水を温めた。

問４　（表１）のＡでは水よう液を混ぜたことで何calの熱が発生しましたか。

問５　45 cm^3の水酸化ナトリウム水よう液と55 cm^3の塩酸を混ぜたとき，混ぜた後の水よう液の温度は何℃上がりましたか。

問６　水酸化ナトリウム水よう液60 cm^3と塩酸80 cm^3を混ぜたときについて（ａ），（ｂ）の問いにそれぞれ答えなさい。

（ａ）　発生した熱は何calとなりますか。

（ｂ）　混ぜた後の水よう液の温度は何℃上がりますか。

問７　96 cm^3の塩酸に固体の水酸化ナトリウム４ｇを溶《と》かしました。溶かした後の水よう液の重さを100 ｇとすると，水よう液100 ｇの温度は何℃上がりましたか。

問８　【実験３】について，混ぜた後の水よう液の温度が高いものから順番にＦ～Ｊのビーカーを並べなさい。

3　各問いに答えなさい。

須磨太郎くんは，庭の「ししおどし」の様子を見て，そのつくりにはてこの原理や重心が大きく関わっていると考え，次の５つの実験を行いました。なお，重心とは，そのものを一点で支えることのできる点です。

【実験１】　長さ90 cmでおもさ900 gの一様な太さの筒《つつ》を，（図１－１）のように棒の左はしから50 cmの位置で垂直な棒に固定しました。筒の左はしの位置を点Ａ，支点の位置を点Ｏ，右はしの位置を点Ｂとします。点Ａにばねばかりをつけ，（図１－１）のように水平にたもち，その目盛りを測定しました。（図１－２）のようにかたむけたときも，ばねばかりの目盛りは（図１－１）と同じ値を示しました。

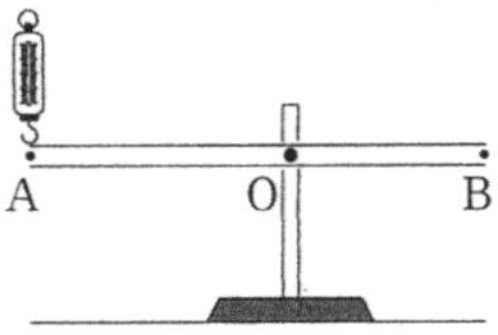

（図１－１）

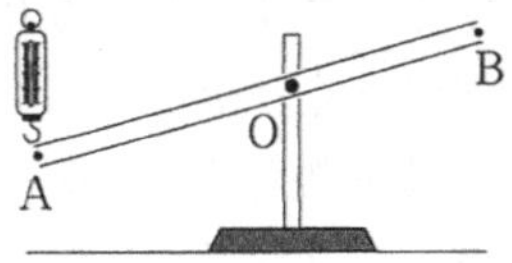

（図１－２）

【実験２】　(図２)のように，点Ｏと点Ｂのちょうど中心の点Ｃにおもりをつるすと，ばねばかりの目盛りはゼロを示しました。

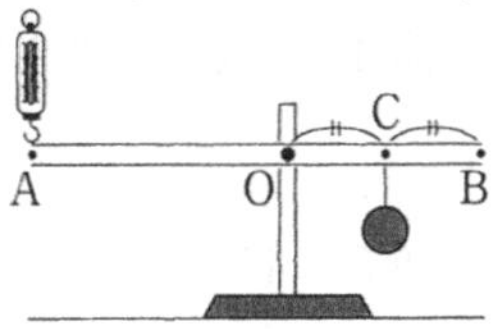

（図２）

【実験３】　(図３）のように，【実験２】のおもりを外し，点Ｏから点Ｃまでねんどをすき間なくつめたところ，ばねばかりの目盛りはゼロを示しました。筒の内側の断面積を測定すると10 cm^2でした。

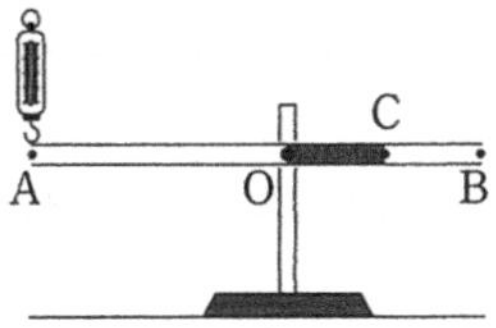

（図３）

【実験４】　(図４）のように,【実験３】のねんどを取り去り，ばねばかりを外すと，筒がかたむいた状態になりました。筒の中の点Ｏの位置に仕切りを入れ，右側に水をためられるようにしました。１秒間に10 cm^3ずつ水を注いでいくと，あるところで筒が回転し，筒内の水がすべてこぼれました。ただし，水は（図４）のように，水面が筒に対して垂直になるようにたまっていくと考えます。

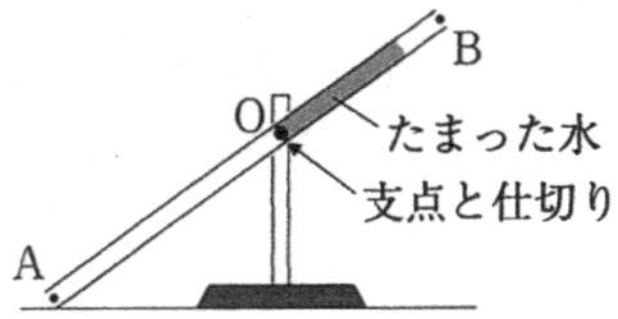

（図４）

一

（※の欄には、何も記入してはいけません）

問一 Ⅰ ※

Ⅱ

問二 ※

問三 X ※

Y

問四 A ※

B

問五 ※

問六 ※

20

40

60

80

100

120

問七 ※

2022SUMAJ0310

※

※

※150点満点
（配点非公表）

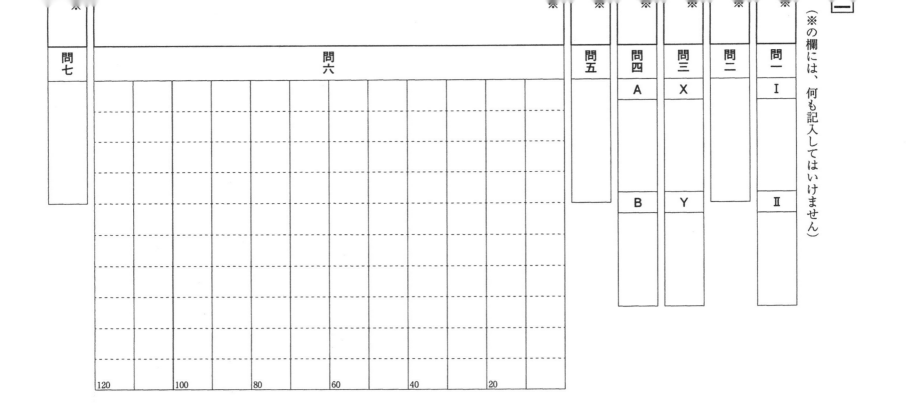

(3)

答え　cm²

※

5

(1)	(2)	(3)	(4)
分後	度	6 時　分	回

※

※

※150点満点
（配点非公表）

2022SUMAJ0320

問2 ア		イ		ウ	
エ		オ		カ	
キ		ク			

問3	g	問4	g/cm³	問5	秒後	問6	cm

※

4

問1	地球	太陽
問2		

問3										

問4		問5		問6	
問7		問8			

※

※

※150点満点
（配点非公表）

↓ここにシールを貼ってください↓

受験番号

名前	

２０２２年度　須磨学園中学校　第３回入学試験解答用紙　理科

（※の欄《らん》には、何も記入してはいけません）

1

問1	あしがある部分				空気の出入り口がある部分					
問2	＞	＞	＞	＞						
問3		問4								
問5	ア		イ		ウ					
問6										

※

2

問1	ア		イ		ウ		エ	
問2		問3		問4	cal			
問5	℃	問6	(a)	cal	(b)	℃	問7	℃
問8	＞	＞	＞	＞				

【解答

↓ここにシールを貼ってください↓

受験番号

名前	

2022年度　須磨学園中学校　第3回入学試験解答用紙　算数

（※の欄《らん》には、何も記入してはいけません）

1

(1)	(2)	(3)	(4)	(5)	※
		秒			

2

(1)	(2)	(3)	(4)	※
	月	cm^2		
(5)	(6)	(7)	(8)	
cm^3	度	人	cm^2	

3

(1)	(2)	(3)	(4)	※
個		個	個	

【解答

↓ここにシールを貼ってください↓

受験番号

名前	

2022年度　須磨学園中学校　第3回入学試験解答用紙　国語

一

（※の欄《らん》には、何も記入してはいけません）

問一	問二	問三	問四	問五	問六	問七	問八	問九	問十
※	※	※	※	※	※	※	※	※	※
A	X		Ⅰ						a
B	Y		Ⅱ						b
C			Ⅲ						c
									d
									e

※

【解答

【実験５】【実験１】～【実験４】とは異なる，長さ250 cm，重さ2500 g，内側の断面積10 cm^2の筒《つつ》を用いて，（図５－１）のように設置し，【実験４】と同様の実験を行いました。このとき，支点の位置に仕切りを入れ，筒の左はしから支点までの長さをＬcmにしました。１秒間に10 cm^3ずつ水を注ぐと，筒は「水をためたのちにすべてこぼす」を180秒間で３回くり返しました。時間と，筒内の水の体積の関係を調べると，（図５－２）のようなグラフがえられました。

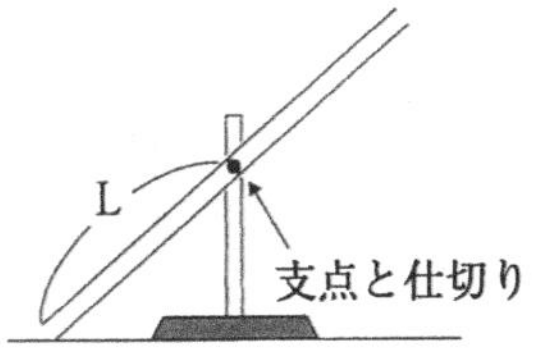

（図５－１）

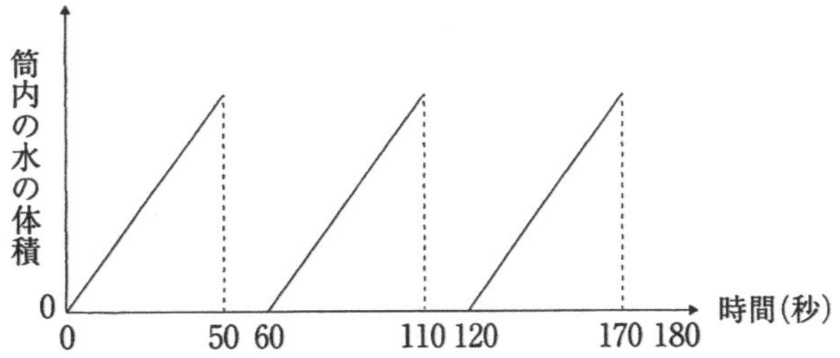

（図５－２）

問１　てこの原理について，てこを支点・力点・作用点の位置で分類するとき，プルタブと同じになるものを次の①～⑤より<u>すべて</u>選び，記号で答えなさい。

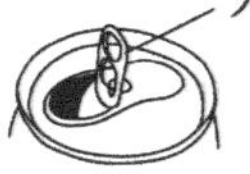

①　ピンセット　　②　はし　　③　はさみ　　④　くぎ抜き　　⑤　コンパス

問２　【実験１】について，次の文中の空らん（　ア　）～（　ク　）を正しくうめなさい。ただし，（　ア　）は語句を，（　イ　）～（　ク　）は数値を答えなさい。

＜文＞　筒の重心の位置は点Ｏから（　ア　）に（　イ　）cmの位置にあるので，この重心に（　ウ　）gのおもりがつり下げられていると考えることができる。このとき，ばねばかりの目盛りは（　エ　）gを示している。あるいは，筒をAOとOBの２つの筒がつながったものだと考えると，AOの筒は点Ｏから左に（　オ　）cmの重心の位置に（　カ　）gのおもりが，OBの筒は点Ｏから右に（　キ　）cmの重心の位置に（　ク　）gのおもりが，それぞれつり下げられていると考えることもできる。この考え方のときも，ばねばかりの目盛りは（　エ　）gを示している。

問３　【実験２】について，このおもりの重さは何gですか。

問４　【実験３】について，このねんどの密度は何g/cm^3ですか。小数第２位まで答えなさい。

問５　【実験４】について，筒は水を注ぎ始めて何秒後に回転しましたか。ただし，水の密度を１g/cm^3として考えなさい。

問６　【実験５】について，Ｌの長さは何cmですか。

4 各問いに答えなさい。

2021年の「節分」は２月３日ではなく，２月２日でした。これについて考えてみましょう。

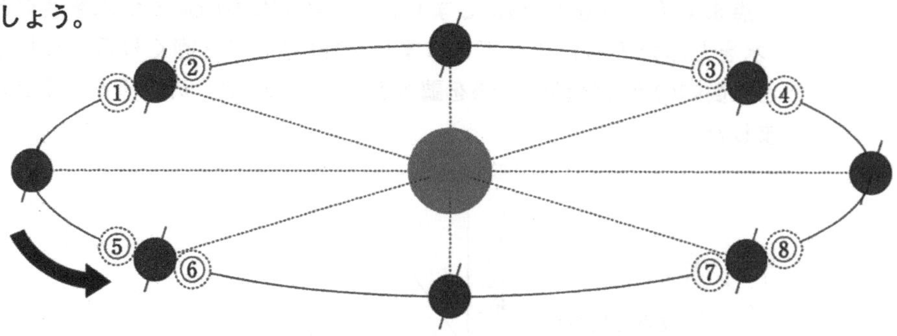

(図１)

わたしたちは，太陽のまわりを地球が１周する時間をおおまかに１年としています。(図１）は太陽のまわりを回る地球の様子を模式的に表したものであり，地球には地軸《ちじく》が描《えが》かれています。現代の (1) 節分は，立春の前日にあたります。立春は，太陽のまわりを公転する地球の道筋を24等分し，冬至と春分のちょうど間の位置に地球が来たときを「立春」としています。(図１)では，８等分した線が描《えが》かれています。

わたしたちが使っている日付や時刻は，うるう年を除いて，１年の日数を365日と決めています。一方で，地球が太陽のまわりを１周するのにかかる日数は実際にはちょうど365日ではなく，365.242日であり，１年より少し長くなります。このため，１年，すなわち365日で地球は太陽のまわりを１周できません。地球は１年と(　ア　)時間かかって１年前の地球と同じ位置にたどり着きます。

たとえば，ある年の「２月３日午前０時」に，節分に相当する位置に地球があった場合，翌年に地球が同じ位置に来る日付と時刻は翌年の（　イ　）となります。このように，１年が毎年365日だとすると約４年に１回の割合で節分の日が１日ずれてしまいます。このため，４年に一度，１年を366日にすることで現在の地球の位置と１年後の地球の位置が大体同じになるように調整しています。４年に一度１年が366日になる年をうるう年と言います。

しかし，うるう年だけでずれを完全に修正することはできません。この方法だけでは逆に修正しすぎてしまい，４年で約（　ウ　）分ほどずれてしまいます。このずれはうるう年のたびに大きくなり，(　エ　）年たつと約１日分となります。それに対応するために，うるう年を（　エ　）年間に１回減らして，日付や時刻のずれを調整します。

こうした理由により，立春の位置に地球が来るときが毎年わずかに異なり，年によっては２月４日中に来ないときもあります。そして，その年は立春の日付が変わるので，節分の日付も変わります。これが2021年の節分が２月２日になった理由でした。

※計算しやすくするため，実際の数値とは異なる部分があります。

問１　地球と太陽は天体のうち，次の①～⑤のどれに分類されますか。もっとも適切なものをそれぞれ１つずつ選び，記号で答えなさい。

①　わく星　　②　準わく星　　③　こう星　　④　衛星　　⑤　すい星

問２　以下の（ａ）～（ｃ）の地球や太陽，月に関する文章について，それぞれの比としてもっとも適切な組み合わせを次の①～⑥より１つ選び，記号で答えなさい。

（ａ）月が地球の周りを１周する時間に対する地球が太陽の周りを１周する時間

（ｂ）地球から見た月の大きさに対する地球から見た太陽の大きさ

（ｃ）地球の半径に対する太陽の半径

	（ａ）	（ｂ）	（ｃ）		（ａ）	（ｂ）	（ｃ）
①	1	10	100	④	10	100	1
②	1	100	10	⑤	100	1	10
③	10	1	100	⑥	100	10	1

問３　日本には四季があり，季節によって平均気温や日の出時刻，南中高度などが変わります。季節によってこれらの変化が起こる理由を25字以内で説明しなさい。

問４　下線部（1）について，節分の位置として正しいと考えられるものを（図１）中の①～⑧より１つ選び，記号で答えなさい。

問５　空らん（　ア　）に入る数を，小数第２位を四捨五入して小数第１位まで答えなさい。

問６　空らん（　イ　）に入る語句としてもっとも適切なものを次の①～⑤より１つ選び，記号で答えなさい。

①　２月２日午後６時　　②　２月２日午後９時　　③　２月３日午前０時
④　２月３日午前３時　　⑤　２月３日午前６時

問７　空らん（　ウ　）に入る数を，小数第１位を四捨五入して整数で答えなさい。

問８　空らん（　エ　）に入る数を，小数第１位を四捨五入して整数で答えなさい。

（余　白）

（　余　白　）

2022(R4) 須磨学園中　第３回
K 教英出版